HEYNE <

Dr. Oetker

# Sommertorten

WILHELM HEYNE VERLAG
MÜNCHEN

# Der Sommer ist da!

Der Sommer ist da! Die Sonne lacht vom Himmel und auf den Wochenmärkten wird eine unzählige Vielfalt an köstlichen Sommerfrüchten angeboten. Dieses kulinarische Schlaraffenland lädt ein, aus dem Vollen zu schöpfen.
So ist für viele Hobbybäcker der Sommer die schönste Backzeit im Jahr, denn nur im Sommer verbinden sich leichte Joghurt- und Quarkcremes mit reifen Früchten und bringen so das ultimative Geschmackserlebnis zur Krönung.
Wir haben für Sie die schönsten Sommertorten und -kuchen, aber auch Eistorten zusammengestellt, sodass Ihre Familie und Freunde gerne noch ein Extrastück haben möchten.
Natürlich sind wieder alle Rezepte von Dr. Oetker ausprobiert und so beschrieben, dass sie garantiert gelingen.

# Inhaltübersicht

# Erdbeertorte mit Ricotta

*Für Gäste*

**Für den All-in-Teig:**
30 g Weizenmehl
1 gestr. TL Dr. Oetker Backin
100 g Zucker
100 g gemahlene Haselnusskerne
3 Eier (Größe M)

**Für den Belag:**
400 g Erdbeeren
1 Bio-Limette (unbehandelt)
4 Blatt weiße Gelatine
100 g gesiebter Puderzucker
500 g Ricotta (italienischer Frischkäse)

**Zum Garnieren:**
100 g Erdbeeren

Zubereitungszeit: **40 Minuten, ohne Kühlzeit**
Backzeit: **etwa 25 Minuten**

1_ Einen Bogen Backpapier auf den Boden der Springform (Ø 26 cm) legen und mit dem Springformrand straff einspannen. Den Backofen vorheizen.
Ober-/Unterhitze: etwa 180 °C , Heißluft: etwa 160 °C

2_ Für den Teig Mehl mit Backpulver in einer Rührschüssel mischen. Zucker, Haselnusskerne und Eier hinzufügen. Die Zutaten mit Handrührgerät mit Rührbesen zunächst kurz auf niedrigster, dann auf höchster Stufe in etwa 2 Minuten zu einem glatten Teig verarbeiten. Den Teig in die Form füllen und glatt streichen. Die Form auf dem Rost in den vorgeheizten Backofen schieben.
Backzeit: etwa 25 Minuten.

3_ Die Form auf einen Kuchenrost stellen. Nach etwa 10 Minuten den Tortenboden mit einem Messer aus der Form lösen und auf einen mit Backpapier belegten Kuchenrost stürzen. Mitgebackenes Backpapier entfernen. Tortenboden erkalten lassen.

4_ Den Tortenboden auf eine Tortenplatte legen. Tortenring oder den gesäuberten Springformrand darumstellen.

5_ Für den Belag Erdbeeren abspülen, gut abtropfen lassen und putzen. Erdbeeren in kleine Stücke schneiden. Limette heiß abspülen und trocken reiben. Schale abreiben und die Limette auspressen.

6_ Gelatine nach Packungsanleitung einweichen. Die Gelatine leicht ausdrücken und in einem kleinen Topf bei schwacher Hitze auflösen. Limettensaft unterrühren.

7_ Puderzucker mit Ricotta und Limettenschale gut verrühren. Zuerst etwa 4 Esslöffel der Ricotta-Masse unter die Gelatine rühren, dann mit der restlichen Ricotta-Masse verrühren. Erdbeerstücke unterheben. Die Ricotta-Erdbeer-Masse auf den Tortenboden geben und glatt streichen. Die Torte etwa 2 Stunden in den Kühlschrank stellen.

8_ Zum Garnieren die Erdbeeren abspülen, abtropfen lassen und halbieren oder vierteln. Die Torte mit den Erdbeeren garnieren.

Insgesamt: E: 94 g, F: 157 g, Kh: 263 g, kJ: 11997, kcal: 2865

*Tipp:* Statt Ricotta können Sie Speisequark (40 % Fett) oder Doppelrahm-Frischkäse verwenden.

# Heidelbeer-Buchweizen-Torte

*Raffiniert*

**Für den Biskuitteig:**
3 Eier (Größe M)
2 EL heißes Wasser
90 g flüssiger Honig
1 Prise Salz
100 g Buchweizenmehl
50 g Weizenmehl, Type 1050
1 gestr. TL Dr. Oetker Backin

**Für die Füllung:**
250 g aufgetaute TK-Heidelbeeren
6 Blatt weiße Gelatine
500 g Schlagsahne
80 g flüssiger Honig
1 Pck. Dr. Oetker Bourbon-Vanille-Zucker
1 EL Zitronensaft

**Zum Garnieren:**
40 g gehackte Pistazienkerne
100 g Heidelbeeren
etwas Zitronenmelisse

Zubereitungszeit: **35 Minuten, ohne Kühlzeit**
Backzeit: **etwa 30 Minuten**

1_ Einen Bogen Backpapier auf den Boden einer Springform (Ø 26 cm) legen und mit dem Springformrand straff einspannen. Den Backofen vorheizen.
Ober-/Unterhitze: etwa 180 °C, Heißluft: etwa 160 °C

2_ Für den Teig Eier, Wasser, Honig und Salz mit Handrührgerät mit Rührbesen auf höchster Stufe in 2 Minuten schaumig schlagen.

3_ Mehle und Backpulver mischen und portionsweise kurz auf niedrigster Stufe unterrühren. Restliches Mehlgemisch auf die gleiche Weise unterarbeiten. Den Teig in die Form füllen und glatt streichen. Die Form auf dem Rost in den vorgeheizten Backofen schieben.
Backzeit: etwa 30 Minuten.

4_ Die Form auf einen Kuchenrost stellen. Nach etwa 10 Minuten den Biskuitboden mit einem Messer aus der Form lösen und auf einen mit Backpapier belegten Kuchenrost stürzen. Mitgebackenes Backpapier entfernen. Biskuit erkalten lassen.

5_ Für die Füllung die Heidelbeeren pürieren. Gelatine nach der Packungsanleitung einweichen. Die Gelatine leicht ausdrücken und in einem kleinen Topf bei schwacher Hitze unter Rühren auflösen (nicht kochen). 3 Esslöffel Heidelbeerpüree unter die Gelatine rühren, dann die Gelatinemasse unter das restliche Püree rühren. Die Masse in den Kühlschrank stellen.

6_ Sobald die Masse zu gelieren beginnt, Sahne mit Honig und Vanille-Zucker steif schlagen. Die Hälfte der Sahne unter drei Viertel der Heidelbeermasse heben und mit Zitronensaft abschmecken.

7_ Den Biskuitboden einmal waagerecht durchschneiden, den unteren Boden auf eine Platte legen. Die Heidelbeersahne auf den unteren Boden geben, glatt streichen und mit dem oberen Boden bedecken.

8_ Die restliche Sahne unter die übrige Heidelbeermasse heben. Die Torte damit rundherum bestreichen. Die Torte mit Pistazien und Heidelbeeren garnieren und 1–2 Stunden in den Kühlschrank stellen.

9_ Vor dem Servieren die Zitronenmelisse abspülen und trocken tupfen und die Torte damit garnieren.

Insgesamt: E: 58 g, F: 192 g, Kh: 291 g, kJ: 13403, kcal: 3202

# Johannisbeer-Baiser-Torte

*Klassisch*

**Für den Rührteig:**
100 g weiche Butter oder Margarine
100 g Zucker
1 Pck. Dr. Oetker Vanillin-Zucker
1 Prise Salz
2 Eier (Größe M)
100 g Weizenmehl
1 Msp. Dr. Oetker Backin

**Zum Bestreuen:**
etwas Dr. Oetker Sahnesteif

**Für den Belag:**
500 g rote Johannisbeeren
125 g Zucker

**Für den Guss:**
250 ml (¼ l) Saft von den Johannisbeeren (mit Wasser aufgefüllt)
1 Pck. Dr. Oetker Tortenguss, klar, ungezuckert
30 g Zucker

**Für das Baiser:**
1 Eiweiß (Größe M)
50 g Zucker

Zubereitungszeit: **45 Minuten, ohne Saftzieh- und Abkühlzeit**
Backzeit: **20–25 Minuten**

1_ Den Backofen vorheizen.
Ober-/Unterhitze: etwa 180 °C, Heißluft: etwa 160 °C

2_ Für den Teig Butter oder Margarine mit Handrührgerät mit Rührbesen auf höchster Stufe geschmeidig rühren. Nach und nach Zucker, Vanillin-Zucker und Salz unterrühren. So lange rühren, bis eine gebundene Masse entstanden ist.

3_ Eier nach und nach unterrühren (jedes Ei etwa ½ Minute). Mehl mit Backpulver mischen und in 2 Portionen auf mittlerer Stufe kurz unterrühren. Den Teig in eine Springform (Ø 26 cm, Boden gefettet) geben und glatt streichen. Die Form auf dem Rost in den vorgeheizten Backofen schieben.
Backzeit: 20–25 Minuten.

4_ Die Form auf einen Kuchenrost stellen. Nach etwa 10 Minuten den Tortenboden mit einem Messer aus der Form lösen und auf einen mit Backpapier belegten Kuchenrost stürzen. Tortenboden erkalten lassen und auf eine ofenfeste Tortenplatte legen. Einen Tortenring oder den gesäuberten Springformrand um den Tortenboden stellen. Den Tortenboden mit Sahnesteif bestreuen, damit er nicht durchweicht.

5_ Für den Belag Johannisbeeren abspülen, abtropfen lassen, entstielen und mit Zucker mischen. Johannisbeeren eine Zeit lang stehen lassen, damit sie Saft ziehen. Danach auf einem Sieb abtropfen lassen, den Saft dabei auffangen und für den Guss beiseitestellen. Johannisbeeren auf dem Gebäckboden verteilen.

6_ Für den Guss den aufgefangenen Johannisbeersaft mit Wasser auf 250 ml (¼ l) auffüllen. Aus Tortengusspulver, Zucker und dem Saft-Wasser-Gemisch nach Packungsanleitung einen Guss zubereiten und auf den Johannisbeeren verteilen. Guss fest werden und erkalten lassen. Den Tortenring oder Springformrand mit einem Messer vorsichtig entfernen.

7_ Für das Baiser Eiweiß mit Handrührgerät mit Rührbesen auf höchster Stufe steif schlagen. Der Schnee muss so fest sein, dass ein Messerschnitt sichtbar bleibt. Zucker nach und nach kurz unter den Eischnee schlagen. Den Grill des Backofens vorheizen.

8_ Die Baisermasse wellenartig auf dem Tortenguss verstreichen. Die Torte auf dem Rost unter den vorgeheizten Grill schieben und das Baiser 5–10 Minuten überbacken. Erkalten lassen.

Insgesamt: E: 33 g, F: 100 g, Kh: 432 g, kJ: 11791, kcal: 2815

# Mohn-Johannisbeer-Kuchen

*Schnell*

**Für den All-in-Teig:**
350 g Weizenmehl
2 gestr. TL Dr. Oetker Backin
150 g Zucker
2 Pck. Dr. Oetker Vanillin-Zucker
1 Msp. Salz
1 Pck. Dr. Oetker Finesse Geriebene Zitronenschale
3 Eier (Größe M)
150 ml Speiseöl
150 g Vollmilchjoghurt (3,5 % Fett)
50 g Mohnsamen

**Für den Belag:**
1 Pck. Dr. Oetker Tortenguss, rot, ungezuckert
150 ml Cassis-Likör (schwarzer Johannisbeerlikör, 15 Vol.-%)
300 g TK-Johannisbeeren

**Zum Garnieren:**
125 g rote Johannisbeeren
1 EL Puderzucker

Zubereitungszeit: **35 Minuten, ohne Abkühlzeit**
Backzeit: **etwa 35 Minuten**

1_ Den Backofen vorheizen.
Ober-/Unterhitze: etwa 180 °C, Heißluft: etwa 160 °C

2_ Für den Teig Mehl und Backpulver in eine Rührschüssel geben und mit einem Schneebesen verrühren. Zucker, Vanillin-Zucker, Salz, Zitronenschale, Eier, Speiseöl und Joghurt hinzufügen. Die Zutaten mit Handrührgerät mit Rührbesen zunächst kurz auf niedrigster, dann auf höchster Stufe in etwa 2 Minuten zu einem glatten Teig verarbeiten. Mohnsamen unterrühren. Den Teig in eine Springform (Ø 26 cm, Boden gefettet, bemehlt) geben und glatt streichen.

3_ Für den Belag Tortengusspulver mit Likör verrühren. Die gefrorenen Johannisbeeren vorsichtig unterheben. Die Johannisbeermasse auf dem Teigboden verteilen und mit einer Gabel spiralförmig unter den Teig ziehen. Die Form auf dem Rost in den vorgeheizten Backofen schieben.
Backzeit: etwa 30 Minuten.

4_ Die Form auf einen Kuchenrost stellen. Den Kuchen etwa 10 Minuten in der Form stehen lassen, dann aus der Form lösen und auf einem mit Backpapier belegten Kuchenrost erkalten lassen.

5_ Zum Garnieren die Johannisbeeren abspülen und trocken tupfen. Die Johannisbeeren auf dem Kuchen verteilen und den Kuchen mit Puderzucker bestäuben.

Insgesamt: E: 77 g, F: 200 g, Kh: 545 g, kJ: 19270, kcal: 4601

# Himmelstorte

*Für Gäste*

**Für den Belag:**
5 Eiweiß (Größe M)
1 Prise Salz
1 EL Zucker

**Für den Rührteig:**
250 g Butter oder Margarine
200 g Zucker
1 Pck. Dr. Oetker Vanillin-Zucker
5 Eigelb (Größe M)
250 g Weizenmehl
2 gestr. TL Dr. Oetker Backin

**Zum Bestreuen:**
40 g Zucker
1 Msp. gemahlener Zimt
100 g abgezogene, gehobelte Mandeln

**Für die Füllung:**
1 Glas Stachelbeeren (Abtropfgewicht 390 g)
2–3 gestr. TL Speisestärke
3 TL Zucker
150 ml Saft von den Stachelbeeren
400 g Schmand (Sauerrahm, 24 % Fett)
150 g Crème fraîche
3 Pck. Dr. Oetker Sahnesteif
1 EL Zitronensaft

Zubereitungszeit: **90 Minuten, ohne Kühlzeit**
Backzeit: **etwa 20 Minuten je Boden**

1_ Den Backofen vorheizen.
Ober-/Unterhitze: etwa 180 °C, Heißluft: etwa 160 °C
Für den Belag Eiweiß und Salz mit Handrührgerät mit Rührbesen steif schlagen. Der Schnee muss so fest sein, dass ein Messerschnitt sichtbar bleibt. Zucker kurz unter den Eischnee schlagen.

2_ Für den Teig Butter oder Margarine in einer Rührschüssel mit Handrührgerät mit Rührbesen geschmeidig rühren. Nach und nach Zucker und Vanillin-Zucker unterrühren. So lange rühren, bis eine gebundene Masse entstanden ist. Eigelb nach und nach unterrühren (jedes Eigelb etwa ½ Minute). Mehl mit Backpulver mischen und in 2 Portionen auf mittlerer Stufe kurz unterrühren.

3_ Aus dem Teig 4 Böden backen. Dafür jeweils ein Viertel des Teiges gleichmäßig auf den Boden einer Springform (Ø 26 cm, Boden gefettet) streichen. (Ist der Teig am Rand zu dünn, wird er beim Backen zu dunkel.) Darauf jeweils ein Viertel des Eischnees verteilen. Zucker mit Zimt mischen. Nacheinander jeweils ein Viertel der Mandeln und des Zimt-Zuckers auf die vorbereiteten Böden streuen. Die Böden ohne Springformrand auf dem Rost in den vorgeheizten Backofen schieben.
Backzeit: etwa 20 Minuten je Boden.

4_ Die gebackenen Tortenböden mit dem Springformboden etwa 10 Minuten auf einem Kuchenrost abkühlen lassen, mit einem Messer oder einer Palette vom Springformboden lösen, auf Backpapier ziehen und auf Kuchenrosten erkalten lassen. (Den Springformboden nach jedem Backen erneut einfetten.)

5_ Für die Füllung Stachelbeeren auf einem Sieb abtropfen lassen, dabei den Saft auffangen. 150 ml Saft abmessen. Speisestärke mit 1 Teelöffel Zucker und 2 Esslöffeln von dem Saft anrühren. Restlichen Saft in einem Topf zum Kochen bringen. Topf von der Kochstelle nehmen. Speisestärke unter Rühren in den Saft geben und unter Rühren aufkochen lassen. Stachelbeeren unterrühren. Stachelbeerkompott erkalten lassen.

6_ Schmand und Crème fraîche in eine Rührschüssel geben, mit restlichem Zucker und Sahnesteif etwa 2 Minuten mit Handrührgerät mit Rührbesen aufschlagen. Stachelbeerkompott und Zitronensaft unterheben.

7_ Drei Tortenböden mit der Creme bestreichen und zu einer Torte zusammensetzen. Den vierten Boden darauflegen. Die Torte etwa 1 Stunde in den Kühlschrank stellen.

Insgesamt: E: 98 g, F: 449 g, Kh: 591 g, kJ: 28612, kcal: 6840

# Brombeertarte

*Für Gäste*

**1 Tarteform (Ø 30 cm)**

weiche Butter oder Margarine zum Einfetten

**Für den Knetteig:**
250 g Weizenmehl
2 gestr. TL Dr. Oetker Backin
75 g Zucker
1 Pck. Dr. Oetker Vanillin-Zucker
1 Ei (Größe M)
125 g Butter oder Margarine

**Für den Belag:**
50 g Löffelbiskuits
500 g Brombeeren

**Für den Guss:**
100 g Schmand (Sauerrahm, 24 % Fett)
3 EL Orangensaft
100 g Zucker
1 Pck. Dr. Oetker Vanillin-Zucker
1 Ei (Größe M)
100 g abgezogene, gemahlene Mandeln

Zubereitungszeit: **30 Minuten**
Backzeit: **etwa 40 Minuten**

1_ Für den Teig Mehl und Backpulver in eine Rührschüssel geben und mit einem Schneebesen verrühren. Zucker, Vanillin-Zucker, Ei und Butter oder Margarine hinzufügen. Die Zutaten mit Handrührgerät mit Rührbesen zunächst kurz auf niedrigster, dann auf höchster Stufe gut durcharbeiten.

2_ Anschließend auf der Arbeitsfläche zu einem glatten Teig verkneten. Sollte er kleben, ihn in Folie gewickelt eine Zeit lang kalt stellen.

3_ Den Backofen vorheizen.
Ober-/Unterhitze: etwa 180 °C, Heißluft: etwa 160 °C

4_ Den Teig auf der leicht bemehlten Arbeitsfläche zu einer runden Platte (Ø etwa 34 cm) ausrollen, in eine Tarteform (Boden gefettet) legen und am Rand etwas hochdrücken.

5_ Für den Belag Löffelbiskuits in einen Gefrierbeutel geben und den Beutel verschließen. Die Löffelbiskuits mit einer Teigrolle fein zerdrücken. Die Brösel auf dem Teig verteilen.

6_ Brombeeren verlesen, abspülen und gut abtropfen lassen. 400 g Brombeeren auf die Löffelbiskuit-Brösel legen.

7_ Für den Guss Schmand mit Orangensaft, Zucker, Vanillin-Zucker, Ei und Mandeln mit einem Schneebesen verrühren und über die Brombeeren geben. Die restlichen Brombeeren darauf verteilen. Die Form auf dem Rost in den vorgeheizten Backofen schieben.
Backzeit: etwa 40 Minuten.

8_ Die Form auf einen Kuchenrost stellen. Die Tarte erkalten lassen.

Insgesamt: E: 73 g, F: 210 g, Kh: 436 g, kJ: 16631, kcal: 3975

# Beeriger Maulwurfshügel

*Läst sich gut vorbereiten*

**Für den Rührteig:**
125 g Weizenmehl
25 g Speisestärke
1 gestr. TL Dr. Oetker Backin
150 g weiche Butter oder Margarine
150 g Zucker
1 Pck. Dr. Oetker Vanillin-Zucker
1 Prise Salz
3 Eier (Größe M)

**Für den Belag:**
10 Blatt weiße Gelatine
500 ml (½ l) Trinkjoghurt (Erdbeer- oder Himbeer-Geschmack)
30 g Zucker
400 g Schlagsahne
250 g vorbereitete Beerenfrüchte, z. B. rote Johannis-, Heidel- oder Himbeeren

**Zum Bestäuben und Garnieren:**
gesiebtes Kakaopulver
evtl. einige Johannisbeerrispen

Zubereitungszeit: **45 Minuten, ohne Kühlzeit**
Backzeit: **etwa 25 Minuten**

1_ Den Backofen vorheizen.
Ober-/Unterhitze: etwa 180 °C, Heißluft: etwa 160 °C

2_ Für den Teig Mehl, Speisestärke und Backpulver in eine Schüssel geben und mit einem Schneebesen verrühren.

3_ Butter oder Margarine mit Handrührgerät mit Rührbesen auf höchster Stufe geschmeidig rühren. Nach und nach Zucker, Vanillin-Zucker und Salz unterrühren. So lange rühren, bis eine gebundene Masse entstanden ist. Eier nach und nach unterrühren (jedes Ei etwa ½ Minute). Mehlgemisch portionsweise kurz auf mittlerer Stufe unterrühren. Den Teig in eine Springform (Ø 26 cm, Boden gefettet) füllen und glatt streichen. Die Form auf dem Rost in den vorgeheizten Backofen schieben.
Backzeit: etwa 25 Minuten.

4_ Die Form auf einen Kuchenrost stellen. Den Tortenboden nach etwa 10 Minuten aus der Form lösen und auf einem mit Backpapier belegten Kuchenrost erkalten lassen.

5_ Für den Belag Gelatine nach Packungsanleitung einweichen. Trinkjoghurt mit Zucker verrühren. Gelatine leicht ausdrücken und in einem kleinen Topf unter Rühren bei schwacher Hitze auflösen (nicht kochen). Etwas Trinkjoghurt unter die Gelatine rühren. Dann die Gelatinemasse mit dem restlichen Trinkjoghurt verrühren. Joghurtmasse in den Kühlschrank stellen. Sobald die Masse beginnt dicklich zu werden, Sahne steif schlagen und mit den vorbereiteten Früchten unterheben.

6_ Tortenboden auf eine Platte legen, mit einem Esslöffel etwa 2 cm tief aushöhlen, dabei einen etwa 1 cm breiten Rand stehen lassen. Sahnemasse bergartig auf den ausgehöhlten Boden streichen.

7_ Gebäckreste fein zerbröseln und die Torte rundherum damit bestreuen. Die Brösel leicht andrücken. Die Torte etwa 2 Stunden in den Kühlschrank stellen.

8_ Die Torte vor dem Servieren mit etwas Kakaopulver bestäuben und nach Belieben mit abgespülten und gut abgetropften Johannisbeerrispen garnieren.

Insgesamt: E: 74 g, F: 290 g, Kh: 397 g, kJ: 19190, kcal: 4583

# Aprikosen-Zwieback-Torte

*Gut vorzubereiten*

**Zum Vorbereiten:**
750 g frische Aprikosen oder
1 Dose Aprikosenhälften
(Abtropfgewicht 480 g)

**Zum Tränken:**
125 ml (1/8 l) frisch gepresster
Orangensaft
2 EL Ahornsirup

**Für den Boden:**
150 g Zwiebäcke

**Für den Belag:**
10 Blatt weiße Gelatine
500 g Creme-Quark (0,2 % aus
dem Kühlregal)
100 g Zucker
1 Pck. Dr. Oetker Vanillin-Zucker
125 ml (1/8 l) frisch gepresster
Orangensaft
1 EL Ahornsirup
200 g Schlagsahne

**Zum Bestreuen:**
2 EL geröstete Kokosraspel

Zubereitungszeit: **55 Minuten, ohne Kühlzeit**

1_ Zum Vorbereiten Aprikosen überbrühen, kurz stehen lassen, enthäuten, halbieren und entsteinen. Aprikosenhälften aus der Dose auf einem Sieb gut abtropfen lassen. 6 Aprikosenhälften zum Garnieren beiseitelegen, die restlichen Aprikosenhälften klein schneiden.

2_ Zum Tränken Orangensaft mit Ahornsirup gut verrühren. Für den Boden die Zwiebäcke grob zerkleinern, mit der Orangensaftmischung verrühren. Eine runde Tortenspitze auf eine Tortenplatte legen. Einen geschlossenen Springformrand ohne Boden (Ø 26 cm) darauf stellen. Gut die Hälfte der Zwiebackmasse in den Springformrand geben, mit einem Esslöffel andrücken.

3_ Für die Füllung Gelatine nach Packungsanleitung einweichen. Quark, Zucker, Vanillin-Zucker, Orangensaft und Ahornsirup gut verrühren. Gelatine leicht ausdrücken. Die ausgedrückte Gelatine in einem kleinen Topf unter Rühren erwärmen (nicht kochen), bis sie völlig gelöst ist. Gelatine mit 2–3 Esslöffeln von der Quarkcreme verrühren, dann mit der restlichen Quarkcreme verrühren. Sahne steif schlagen und zusammen mit den Aprikosenstücken unterheben.

4_ Die Hälfte der Quark-Aprikosen-Creme auf den Zwiebackboden geben, dann die Form einige Male auf die Arbeitsfläche stoßen, damit die Creme in die Zwieback-Zwischenräume fließen kann. Die restliche Zwiebackmasse darauf verteilen. Mit der restlichen Quark-Aprikosen-Creme bestreichen. Die Torte etwa 3 Stunden in den Kühlschrank stellen. Dann den Springformrand mit einem Messer lösen und entfernen.

5_ Die beiseitegestellten Aprikosenhälften in Spalten schneiden. Die Torte mit den Aprikosenspalten garnieren und mit Kokosraspeln bestreuen.

Insgesamt: E: 77 g, F: 14 g, Kh: 336 g, kJ: 7704, kcal: 1836

*Tipp:* Die Torte schmeckt am besten, wenn sie einen Tag durchgezogen ist.

# Blaue-Grütze-Torte

*Einfach*

**Für den Schüttelteig:**
100 g Butter oder Margarine
200 g Weizenmehl
3 gestr. TL Dr. Oetker Backin
100 g Zucker
2 Pck. Dr. Oetker Vanillin-Zucker
3 Eier (Größe M)
100 ml Milch

**Für die Füllung:**
2 geh. EL Heidelbeerkonfitüre

**Für den Belag:**
150 g Mascarpone
(ital. Frischkäse)
1 Pck. Dr. Oetker Vanillin-Zucker
2 Pck. Tortenguss, klar
350 ml Apfelsaft
50 g Zucker
300 g verlesene Heidelbeeren

**Zum Verzieren:**
50 g Mascarpone
(ital. Frischkäse)
1 TL Zucker
1 EL Milch

Zubereitungszeit: **30 Minuten, ohne Abkühl- und Kühlzeit**
Backzeit: **etwa 25 Minuten**

1_ Den Backofen vorheizen.
Ober-/Unterhitze: etwa 180 °C, Heißluft: etwa 160 °C

2_ Für den Teig Butter oder Margarine zerlassen und abkühlen lassen. Das Mehl mit Backpulver in einer verschließbaren Schüssel (etwa 3 l) mit Zucker und Vanillin-Zucker mischen. Eier, Butter oder Margarine und Milch hinzufügen. Schüssel mit dem Deckel fest verschließen.

3_ Schüssel mehrmals (insgesamt 15–30 Sekunden) kräftig schütteln, so dass alle Zutaten gut vermischt sind. Alles mit einem Schneebesen oder Rührlöffel nochmals sorgfältig durchrühren, damit trockene Zutaten vom Rand mit untergerührt werden. Den Teig in eine Springform (Ø 26 cm, Boden gefettet) füllen und verstreichen. Die Form auf dem Rost in den vorgeheizten Backofen schieben.
Backzeit: etwa 25 Minuten.

4_ Den Gebäckboden aus der Form lösen und auf einem mit Backpapier belegten Kuchenrost erkalten lassen. Dann den Boden einmal waagerecht durchschneiden. Den unteren Boden auf eine Tortenplatte legen und mit Konfitüre bestreichen. Den oberen Boden darauflegen und leicht andrücken.

5_ Für den Belag Mascarpone mit Vanillin-Zucker verrühren. Die Creme kuppelförmig auf den Boden streichen, dabei etwa 1 cm am Rand frei lassen. Einen Tortenring oder den gesäuberten Springformrand darumstellen und die Torte in den Kühlschrank stellen.

6_ Aus Tortengusspulver, Apfelsaft und Zucker nach Packungsanleitung, aber mit 350 ml Apfelsaft und 50 g Zucker einen Guss zubereiten. Heidelbeeren vorsichtig unterheben. Die Heidelbeermasse auf die Mascarponecreme geben, glatt streichen und fest werden lassen.

7_ Zum Verzieren Mascarpone mit Zucker und Milch verrühren. Die Tortenoberfläche mit der Mascarponecreme verzieren. Torte 1–2 Stunden in den Kühlschrank stellen. Vor dem Servieren Tortenring oder Springformrand lösen und entfernen.

Insgesamt: E: 60 g, F: 195 g, Kh: 461 g, kJ: 16580, kcal: 3963

# Cornflakes-Beeren-Torte

*Schnell gemacht*

**Für den Boden:**
100 g Cornflakes
75 g Löffelbiskuits
50 g abgezogene, gehobelte Mandeln
125 g Butter

**Für den Belag:**
8 Blatt weiße Gelatine
500 g Naturjoghurt
75 g Zucker
50 ml Zitronensaft
200 g Schlagsahne
250 g gemischte Beerenfrüchte (z. B. Himbeeren, Brombeeren und Heidelbeeren)

**Zum Garnieren:**
150 g gemischte Beerenfrüchte
30 g Cornflakes
etwas Puderzucker

Zubereitungszeit: **35 Minuten, ohne Kühlzeit**

1_ Für den Boden Cornflakes in eine Rührschüssel geben und etwas zerdrücken. Löffelbiskuits in einen Gefrierbeutel geben, den Beutel verschließen und Löffelbiskuits mit einer Teigrolle zerdrücken. Brösel zusammen mit den Mandeln zu den Cornflakes geben. Butter zerlassen, etwas abkühlen lassen, hinzufügen und gut vermischen.

2_ Die Masse in eine Springform (Ø 26 cm, Boden gefettet, mit Backpapier belegt) füllen, andrücken und in den Kühlschrank stellen.

3_ Für den Belag Gelatine nach Packungsanleitung einweichen. Joghurt mit Zucker und Zitronensaft verrühren. Gelatine leicht ausdrücken und in einem kleinen Topf unter Rühren bei schwacher Hitze auflösen (nicht kochen). Gelatine zunächst mit etwas von der Joghurtmasse verrühren, dann unter die restliche Joghurtmasse rühren.

4_ Sobald die Masse beginnt dicklich zu werden, Sahne steif schlagen und unterheben. Beerenfrüchte verlesen und ebenfalls unterheben. Beerensahne auf den Cornflakesboden geben und glatt streichen. Die Torte etwa 2 Stunden in den Kühlschrank stellen.

5_ Zum Garnieren Springformrand lösen und die Tortenoberfläche mit verlesenen Beeren und Cornflakes garnieren. Mit etwas Puderzucker bestäuben.

Insgesamt: E: 67 g, F: 205 g, Kh: 301 g, kJ: 14431, kcal: 3451

*Tipp:* Die Torte schmeckt auch mit Waldfruchtjoghurt. Sie können auch nur eine Beerensorte verwenden, z. B. Himbeeren. Der Mandelgeschmack wird intensiver, wenn die Mandeln kurz in einer Pfanne ohne Fett gebräunt werden. Die Mandeln können auch durch Löffelbiskuitbrösel ersetzt werden.

# Brombeer-Mascarpone-Torte

*Für Gäste*

**Für den Biskuitteig:**
4 Eier (Größe M)
100 g Zucker
1 Pck. Dr. Oetker Bourbon-Vanille-Zucker
70 g Weizenmehl
2 gestr. TL Dr. Oetker Backin
100 g abgezogene, gehackte Mandeln
100 g abgezogene, gemahlene Mandeln
2 EL Amaretto

**Zum Bestreichen:**
5 EL Brombeerkonfitüre

**Für die Füllung:**
500 g TK-Brombeeren
2 Eigelb (Größe M)
100 g Zucker
1 Pck. Dr. Oetker Bourbon-Vanille-Zucker
500 g Mascarpone (ital. Frischkäse)
etwas gemahlener Zimt
2 Pck. Dr. Oetker Sahnesteif
250 g Schlagsahne

**Für den Rand:**
30 g Raspelschokolade

**Zum Garnieren:**
Minze-Blättchen
Raspelschokolade

Zubereitungszeit: **45 Minuten, ohne Kühlzeit**
Backzeit: **etwa 25 Minuten**

1_ Den Backofen vorheizen.
Ober-/Unterhitze: 180–200 °C, Heißluft: 160–180 °C

2_ Für den Teig Eier mit Handrührgerät mit Rührbesen auf höchster Stufe in 1 Minute schaumig schlagen. Zucker und Vanille-Zucker mischen, in 1 Minute einstreuen, dann noch etwa 2 Minuten schlagen.

3_ Mehl mit Backpulver mischen, die Hälfte davon auf die Eiercreme geben, kurz auf niedrigster Stufe unterrühren, den Rest des Mehlgemisches auf die gleiche Weise unterarbeiten. Mandeln und Amaretto unterheben. Den Teig in eine Springform (Ø 26 cm, Boden gefettet, mit Backpapier belegt) füllen. Die Form auf dem Rost in den vorgeheizten Backofen schieben.
Backzeit: etwa 25 Minuten.

4_ Den Boden aus der Form lösen, auf einen mit Backpapier belegten Kuchenrost stürzen, Backpapier entfernen und den Boden erkalten lassen. Boden zweimal waagerecht durchschneiden.

5_ Die Konfitüre auf den unteren und den mittleren Boden geben und verstreichen.

6_ Für die Füllung Brombeeren auftauen lassen, zum Abtropfen auf ein Sieb geben. Eigelb mit Zucker und Vanille-Zucker in einer Schüssel im Wasserbad mit Handrührgerät mit Rührbesen aufschlagen. Mascarpone verrühren und portionsweise unterrühren, mit etwas Zimt abschmecken. Zuletzt die mit Sahnesteif steif geschlagene Sahne unterziehen.

7_ Ein Drittel der Creme abnehmen. Unter die restliche Creme zwei Drittel der Brombeeren heben, die Böden damit zusammensetzen. Den Rand und die obere Seite der Torte dünn mit einem Teil der zurückgelassenen Creme bestreichen.

8_ Den Tortenrand mit Raspelschokolade bestreuen. Die Torte mit der restlichen Creme (in einen Spritzbeutel mit Tüllenring gefüllt) verzieren, mit den restlichen Brombeeren, Minzeblättchen und Raspelschokolade garnieren, bis zum Verzehr in den Kühlschrank stellen.

Insgesamt: E: 125 g, F: 452 g, Kh: 525 g, kJ: 29395, kcal: 7023

# Erdbeer-Knuspertorte

*Einfach*

**Für den Boden:**
250 g weiße Kuvertüre
100 g Cornflakes
100 g abgezogene, gehobelte Mandeln

**Für den Belag:**
750 g Erdbeeren
250 g Schlagsahne
1 Pck. Dr. Oetker Sahnesteif
1 Pck. Dr. Oetker Vanillin-Zucker

Zubereitungszeit: **30 Minuten, ohne Kühlzeit**

1_ Für den Boden die Kuvertüre in einem kleinen Topf im Wasserbad bei schwacher Hitze geschmeidig rühren.

2_ Cornflakes und Mandeln unter die Kuvertüre rühren. Einen Springformrand (Ø 26 cm) auf eine mit Tortenspitze oder Backpapier belegte Tortenplatte stellen, drei Viertel der Masse darin verteilen und andrücken. Die restliche Masse in 12 Häufchen auf Backpapier setzen, beides in den Kühlschrank stellen und fest werden lassen.

3_ Für den Belag Erdbeeren (einige Erdbeeren zum Garnieren zurücklassen) waschen, putzen, trocken tupfen und halbieren oder vierteln. Springformrand lösen und entfernen. Die Erdbeeren auf dem Boden verteilen.

4_ Sahne mit Sahnesteif und Vanillin-Zucker steif schlagen und locker auf den Erdbeeren verstreichen. Die Torte mit den zurückgelassenen Erdbeeren und den Cornflakeshäufchen garnieren und bis zum Servieren kalt stellen.

Insgesamt: E: 63 g, F: 225 g, Kh: 294 g, kJ: 14926, kcal: 3563

*Tipp:* Statt der Erdbeeren können Sie auch Himbeeren oder Brombeeren verwenden.

# Himbeer-Grieß-Torte

*Raffiniert – fettarm*

**Für den Rührteig:**
40 g Butter
75 g Puderzucker
1 Pck. Dr. Oetker Vanillin-Zucker
2 Eier (Größe M)
100 g Weizenmehl
2 gestr. TL Dr. Oetker Backin
20 g gesiebtes Kakaopulver
3 EL Milch

**Zum Bestreichen:**
2 EL Himbeerkonfitüre

**Für den Belag:**
2 Pck. Süße Mahlzeit Grießbrei nach klassischer Art (Grießbreipulver)
600 ml Milch
150 g Joghurt
500 g Himbeeren

**Für den Guss:**
1 Pck. Tortenguss, rot
2 EL Zucker
100 ml Saft (z. B. heller Traubensaft)
150 ml Wasser

Zubereitungszeit: **45 Minuten, ohne Abkühl- und Kühlzeit**
Backzeit: **etwa 20 Minuten**

1_ Den Backofen vorheizen.
Ober-/Unterhitze: etwa 180 °C, Heißluft: etwa 160 °C

2_ Für den Teig Butter mit Handrührgerät mit Rührbesen auf höchster Stufe geschmeidig rühren. Nach und nach Puderzucker und Vanillin-Zucker unterrühren. So lange rühren, bis eine gebundene Masse entstanden ist. Eier nach und nach unterrühren (jedes Ei etwa ½ Minute).

3_ Mehl mit Backpulver und Kakao mischen und abwechselnd mit der Milch auf mittlerer Stufe unterrühren. Den Teig in eine Springform (Ø 26 cm, Boden gefettet, mit Backpapier belegt) geben und verstreichen. Die Form auf dem Rost in den vorgeheizten Backofen schieben.
Backzeit: etwa 20 Minuten.

4_ Den Gebäckboden aus der Form lösen, auf einen mit Backpapier belegten Kuchenrost stürzen und erkalten lassen. Anschließend mitgebackenes Backpapier abziehen. Boden auf eine Tortenplatte legen, einen Tortenring oder den gesäuberten Springformrand darumstellen und den Boden mit Konfitüre bestreichen.

5_ Für den Belag 2 Päckchen Grießbrei nach Packungsanleitung, aber nur mit insgesamt 600 ml Milch zubereiten. Grießbrei etwa 10 Minuten stehen lassen, dann Joghurt mit einem Schneebesen unterrühren. Die Grießmasse auf den Gebäckboden geben und glatt streichen. Den Kuchen etwa 2 Stunden in den Kühlschrank stellen.

6_ Himbeeren verlesen und auf der Grießmasse verteilen. Für den Guss aus Tortengusspulver, Zucker, Saft und Wasser nach der Packungsanleitung einen Guss zubereiten und mit einem Esslöffel auf den Himbeeren verteilen. Die Torte etwa 1 Stunde in den Kühlschrank stellen, dann Tortenring oder Springformrand lösen und entfernen.

Insgesamt: E: 66 g, F: 77 g, Kh: 459 g, kJ: 12307, kcal: 2929

# Frühlingstraum

*Für Gäste*

**Für den Boden:**
200 g Löffelbiskuits
100 g Butter

**Für die Füllung:**
750 g Rhabarber
100 g Zucker
250 g Erdbeeren
60–80 g Speisestärke

**Für den Belag:**
250 g Schlagsahne
1 Pck. Dr. Oetker Sahnesteif
250 g Sahnequark
2 Pck. Dr. Oetker Vanillin-Zucker
Saft von 1 Zitrone

**Zum Garnieren:**
1 EL gesiebter Puderzucker
1 TL gehackte Minzeblätter
1–2 EL geröstete, gehobelte Mandeln

Zubereitungszeit: **60 Minuten, ohne Kühlzeit**

1_ Für den Boden Löffelbiskuits in einen Gefrierbeutel geben, ihn verschließen und die Biskuits mit einer Teigrolle zerbröseln.

2_ Butter zerlassen, zu den Bröseln geben, gut vermengen und mit einem Löffel gleichmäßig auf dem Boden einer Springform (Ø 26 cm, Boden gefettet, mit Backpapier belegt) verteilen und andrücken.

3_ Für die Füllung Rhabarber putzen, evtl. abziehen, in Stücke schneiden, in einem Topf mit Zucker mischen und etwa 15 Minuten durchziehen lassen. Erdbeeren waschen, gut abtropfen lassen, entstielen und vierteln (einige Erdbeeren zum Garnieren beiseitelegen). Rhabarber mit dem entstandenen Saft in einem Topf einige Minuten dünsten.

4_ Speisestärke mit wenig Wasser anrühren, zum Rhabarber geben und unter Rühren kurz aufkochen lassen. Erdbeeren hinzufügen, mit Zucker abschmecken und das Kompott auf dem Krümelboden verteilen. Torte in den Kühlschrank stellen und Masse erkalten lassen.

5_ Springformrand lösen und entfernen. Für den Belag Sahne mit Sahnesteif steif schlagen. Quark mit Vanillin-Zucker und Zitronensaft verrühren und die Sahne unterheben. Creme auf das erkaltete Kompott geben und mit einem Löffel wellenförmig verteilen.

6_ Restliche Erdbeeren in Scheiben schneiden, mit Puderzucker und gehackten Minzeblättern vermengen und auf der Torte verteilen. Den Rand der Torte mit Mandeln bestreuen.

Insgesamt: E: 57 g, F: 204 g, Kh: 343 g, kJ: 15020, kcal: 3587

# Maraschino-Torte

*Raffiniert*

400 g TK-Sauerkirschen

**Für den Knetteig:**
150 g Weizenmehl
1 Msp. Dr. Oetker Backin
100 g gemahlene Mandeln
65 g Zucker
1 Prise Salz
1 Ei (Größe M)
125 g weiche Butter oder Margarine

**Zum Blindbacken:**
getrocknete Erbsen

**Für den Belag:**
175 g Cantuccini-Kekse (ital.: Mandel-Gebäck)
175 ml Maraschino-Likör (ital. Kirschlikör; 30 Vol.-%)
1 Pck. Dr. Oetker Pudding-Pulver Vanille-Geschmack
375 ml (3/8 l) Milch
2 EL Zucker
200 g Schmand
2 EL gehobelte Mandeln
1 EL Puderzucker

Zubereitungszeit: **40 Minuten, ohne Auftau-, Abkühl- und Durchziehzeit**
Backzeit: **etwa 50 Minuten**

1_ TK-Kirschen nach Packungsanleitung auftauen und gut abtropfen lassen.

2_ Für den Teig Mehl mit Backpulver in einer Rührschüssel mischen. Restliche Zutaten hinzufügen und mit Handrührgerät mit Knethaken zunächst kurz auf niedrigster, dann auf höchster Stufe gut durcharbeiten. Dann auf der bemehlten Arbeitsfläche zu einem glatten Teig verkneten. Sollte er kleben, ihn in Folie gewickelt etwa ½ Stunde kalt stellen.
Den Backofen vorheizen.
Ober-/Unterhitze: etwa 180 °C, Heißluft: etwa 160 °C

3_ Zwei Drittel des Teiges auf dem Boden einer Springform (Ø 26 cm, gefettet, Boden mit Backpapier belegt) ausrollen. Springformrand darumstellen. Restlichen Teig zu einer Rolle formen. Diese als Rand auf den Teigboden legen und so an die Form drücken, dass ein etwa 3 cm breiter Rand entsteht. Teigboden mehrmals einstechen und mit Backpapier belegen. Erbsen darauf verteilen. Die Form auf dem Rost in den vorgeheizten Backofen schieben.
Backzeit: 10–15 Minuten.

4_ Nach 10 Minuten Backzeit Backpapier und Erbsen entfernen und den Boden fertig backen. Kuchenboden in der Form etwas auskühlen lassen.

5_ Für den Belag Cantuccini-Kekse mit Likör beträufeln und etwas durchziehen lassen. Aus Pudding-Pulver, Milch und Zucker nach Packungsanleitung einen Pudding zubereiten, diesen etwas abkühlen lassen und anschließend Schmand unterrühren.

6_ Cantuccini-Likör-Mischung zu einer glatten Masse verrühren und auf dem vorgebackenen Boden verstreichen. Dann zuerst die Kirschen darauf verteilen, anschließend die Puddingmasse darauf geben und glatt streichen. Mandeln darauf streuen. Die Form auf dem Rost in den Backofen schieben und **bei gleicher Backofeneinstellung in 30–35 Minuten fertig backen.**

7_ Torte in der Form auf einem Kuchenrost erkalten lassen, dann aus der Form lösen und mit Puderzucker bestäuben.

Insgesamt: E: 88 g, F: 259 g, Kh: 500 g, kJ: 21202, kcal: 5056

# Mokka-Pfirsich-Torte

*Fruchtig – mit Alkohol*

**Für den Schüttelteig:**
150 g Butter oder Margarine
125 g Weizenmehl
75 g Speisestärke
1 Pck. Dr. Oetker Backin
100 g Puderzucker
2 Pck. Dr. Oetker Bourbon-Vanille-Zucker
1 Prise Salz
3 Eier (Größe M)
100 ml Amaretto (Mandellikör)

**Für die Füllung:**
400 g Schlagsahne
2 EL Zucker
2 Pck. Dr. Oetker Sahnesteif
2 EL Amaretto (Mandellikör)
2–3 TL Instant-Kaffeepulver

**Für den Belag:**
1 Dose Pfirsichhälften (Abtropfgewicht etwa 500 g)

**Zum Garnieren:**
1 Topf Minze

Zubereitungszeit: **40 Minuten, ohne Abkühlzeit**
Backzeit: **etwa 30 Minuten**

1_ Den Backofen vorheizen.
Ober-/Unterhitze: etwa 180 °C, Heißluft: etwa 160 °C

2_ Für den Teig Butter oder Margarine zerlassen und abkühlen lassen. Mehl mit Speisestärke, Backpulver und Puderzucker in einer verschließbaren Schüssel (etwa 3 l) mit Vanille-Zucker und Salz mischen. Eier, Butter oder Margarine und Amaretto hinzufügen. Die Schüssel mit dem Deckel fest verschließen.

3_ Schüssel mehrmals (insgesamt 15–30 Sekunden) kräftig schütteln, so dass alle Zutaten gut vermischt sind. Alles mit einem Schneebesen oder Rührlöffel nochmals sorgfältig durchrühren, damit trockene Zutaten vom Rand mit untergerührt werden.

4_ Dann den Teig in eine Springform (Ø 26 cm, Boden gefettet) geben und verstreichen. Die Form auf dem Rost in den vorgeheizten Backofen schieben.
Backzeit: etwa 30 Minuten.

5_ Den Tortenboden aus der Form lösen und auf einem mit Backpapier belegten Kuchenrost erkalten lassen.

6_ Für die Füllung Sahne mit Zucker und Sahnesteif steif schlagen. Amaretto erwärmen, den Instant-Kaffee unter Rühren darin auflösen, abkühlen lassen und unter die Sahne heben.
Die Mokkasahne auf den Tortenboden geben und verstreichen.

7_ Für den Belag Pfirsichhälften auf einem Sieb abtropfen lassen. Pfirsichhälften in Spalten schneiden und auf der Mokkasahne verteilen.

8_ Zum Garnieren Minze abspülen und trocken tupfen. Die Torte mit der Minze garnieren und bis zum Servieren in den Kühlschrank stellen.

Insgesamt: E: 55 g, F: 275 g, Kh: 459 g, kJ: 20484, kcal: 4896

# Melonentorte

*Erfrischend*

**Für den All-in-Teig:**
150 g Weizenmehl
3 gestr. TL Dr. Oetker Backin
150 g Zucker
1 Pck. Dr. Oetker Vanillin-Zucker
3 Eier (Größe M)
150 g Butter oder Margarine

**Für die Füllung:**
1 Kantalup-Melone (etwa 500 g)
400 g Wassermelone
4 Blatt weiße Gelatine
250 g Zitronenjoghurt
50 g Zucker
500 g Schlagsahne

25 g Halbbitter-Kuvertüre
25 g Haselnuss-Krokant

Zubereitungszeit: **30 Minuten**
Backzeit: **etwa 25 Minuten**

1_ Den Backofen vorheizen.
Ober-/Unterhitze: etwa 180 °C, Heißluft: etwa 160 °C

2_ Für den Teig Mehl und Backpulver in einer Rührschüssel mischen. Restliche Zutaten hinzufügen und alles mit Handrührgerät mit Rührbesen auf höchster Stufe in etwa 2 Minuten zu einem glatten Teig verarbeiten. Den Teig in eine Springform (Ø 26 cm, Boden gefettet, mit Backpapier belegt) füllen und glatt streichen. Die Form auf dem Rost in den vorgeheizten Backofen schieben.
Backzeit: etwa 25 Minuten.

3_ Den Boden auf einen mit Backpapier belegten Kuchenrost stürzen, mitgebackenes Papier abziehen und den Boden erkalten lassen. Boden einmal waagerecht durchschneiden.

4_ Für die Füllung Kantalup-Melone längs halbieren, Kerne herausschaben und die Hälften schälen. 12 schöne Spalten für die Dekoration schneiden und zugedeckt beiseitelegen, restliches Fruchtfleisch fein würfeln. Wassermelone ebenfalls schälen und Kerne herausschneiden. 12 kleine Dreiecke für die Dekoration herausschneiden und zugedeckt beiseitelegen, restliches Fruchtfleisch fein würfeln.

5_ Gelatine nach Packungsanleitung einweichen. Joghurt und Zucker verrühren. Gelatine ausdrücken, auflösen, zunächst mit etwas von der Joghurtmasse verrühren und dann unter die restliche Joghurtmasse rühren. Sobald die Masse beginnt dicklich zu werden, Sahne steif schlagen, ein Drittel davon zum Bestreichen beiseitestellen und die restliche Sahne unter die Joghurtmasse heben. Den Saft der Melonenwürfel ablaufen lassen und das Fruchtfleisch unter die Sahnemasse heben.

6_ Unteren Boden auf eine Tortenplatte legen, mit der Melonencreme bestreichen, oberen Boden auflegen und leicht andrücken. Tortenoberfläche und Rand mit der restlichen Sahne wellenförmig bestreichen. Die Torte 1–2 Stunden in den Kühlschrank stellen.

7_ Kuvertüre in einem kleinen Topf im Wasserbad bei schwacher Hitze geschmeidig rühren und in ein Papiertütchen oder einen Gefrierbeutel füllen. Ecke abschneiden, die Torte mit zurückgelassenen Melonenspalten und -dreiecken belegen, mit der Kuvertüre besprenkeln und den Rand mit Krokant bestreuen.

Insgesamt: E: 75 g, F: 320 g, Kh: 452 g, kJ: 21499, kcal: 5135

# Rosa Birnen-Apfel-Torte

*Dauert etwas länger*

**Für den All-in-Teig:**
100 g Weizenmehl
2 gestr. TL Dr. Oetker Backin
50 g Zucker
1 Pck. Dr. Oetker Vanillin-Zucker
3 Eier (Größe M)
2 EL Speiseöl
1 Pck. Dr. Oetker Finesse Geriebene Zitronenschale
2 EL Aprikosenkonfitüre
2 EL Zitronensaft

**Für den Belag:**
2 kleine Birnen (etwa 500 g)
2 kleine Äpfel (etwa 350 g)
250 ml (¼ l) Apfelsaft
2 EL Quenchpulver Kirsch- oder Himbeer-Geschmack
2 EL Zitronensaft
30 g Zucker
3 Blatt weiße Gelatine
150 g Rahmjoghurt

Zubereitungszeit: **55 Minuten, ohne Kühlzeit**
Backzeit: **etwa 15 Minuten**

1_ Den Backofen vorheizen.
Ober-/Unterhitze: etwa 180 °C, Heißluft: etwa 160 °C

2_ Für den Teig Mehl mit Backpulver in einer Rührschüssel mischen. Zucker, Vanillin-Zucker, Eier, Speiseöl und Zitronenschale hinzufügen. Die Zutaten in 2 Minuten mit Handrührgerät mit Rührbesen auf höchster Stufe zu einem glatten Teig verarbeiten.

3_ Den Teig in eine Springform (Ø 26 cm, Boden gefettet, mit Backpapier belegt) geben und glatt streichen. Die Form auf dem Rost in den vorgeheizten Backofen schieben.
Backzeit: etwa 15 Minuten.

4_ Den Gebäckboden aus der Form lösen und auf einen mit Backpapier belegten Kuchenrost stürzen. Mitgebackenes Backpapier abziehen, Gebäckboden erkalten lassen und auf eine Tortenplatte legen. Die Oberfläche mit einem Holzstäbchen mehrmals einstechen.

5_ Konfitüre durch ein Sieb streichen und mit dem Zitronensaft verrühren. Die Konfitürenmasse auf den Gebäckboden streichen.

6_ Für den Belag Birnen und Äpfel schälen, vierteln, entkernen und achteln. Apfelsaft, Quenchpulver, Zitronensaft und Zucker in einem Topf verrühren und unter Rühren zum Kochen bringen. Apfel- und Birnenstückchen hineingeben, etwa 5 Minuten leicht kochen lassen. Gelatine nach Packungsanleitung einweichen. Die Birnen-Apfel-Masse auf einem Sieb abtropfen lassen, den Saft dabei auffangen. Gelatine leicht ausdrücken, sofort in den heißen Saft geben und unter Rühren darin auflösen, erkalten lassen.

7_ Die Apfel- und Birnenstückchen auf dem Gebäckboden verteilen. Wenn der Gelatine-Fruchtsaft anfängt dicklich zu werden, Joghurt unterrühren. Die Frucht-Joghurt-Masse auf den Apfel- und Birnenstückchen verteilen. Die Torte etwa 2 Stunden in den Kühlschrank stellen.

Insgesamt: E: 47 g, F: 60 g, Kh: 314 g, kJ: 8364, kcal: 1992

# Vanillecremetorte mit Obst

*Für Gäste*

**Für den Knetteig:**

200 g Weizenmehl
1 Msp. Dr. Oetker Backin
75 g Zucker
1 Pck. Dr. Oetker Vanillin-Zucker
½ Pck. Dr. Oetker Finesse Orangenschalen-Aroma
1 Ei (Größe M)
100 g Butter oder Margarine

**Für den Rand:**

1 EL Weizenmehl

**Für die Vanillecreme:**

4 Blatt weiße Gelatine
1 Pck. Dr. Oetker Pudding-Pulver Vanille-Geschmack
80 g Zucker
375 ml (3/8 l) Milch
1 Becher (150 g) Crème fraîche
½ Pck. Dr. Oetker Finesse Orangenschalen-Aroma

**Für den Belag:**

750 g beliebiges vorbereitetes, evtl. gedünstetes Obst, z. B. Kirschen, Erdbeeren oder Stachelbeeren

**Für den Guss:**

1 Pck. Tortenguss, klar
25 g Zucker
250 ml (¼ l) Wasser oder Saft

Zubereitungszeit: **60 Minuten, ohne Kühlzeit**
Backzeit: **etwa 15 Minuten**

1_ Für den Teig Mehl und Backpulver in einer Rührschüssel mischen. Zucker, Vanillin-Zucker, Aroma, Ei und Butter oder Margarine hinzufügen. Die Zutaten mit Handrührgerät mit Knethaken zunächst kurz auf niedrigster, dann auf höchster Stufe gut durcharbeiten.

2_ Anschließend auf der bemehlten Arbeitsfläche zu einem glatten Teig verkneten. Sollte er kleben, ihn in Folie gewickelt 20–30 Minuten kalt stellen. Den Backofen vorheizen.
Ober-/Unterhitze: etwa 220 °C, Heißluft: etwa 200 °C

3_ Zwei Drittel des Teiges auf dem Boden einer Springform (Ø 26 cm, Boden gefettet) ausrollen. Restlichen Teig mit Mehl verkneten und zu einer Rolle formen, als Rand auf den Teigboden legen und so an die Form drücken, dass ein etwa 3 cm hoher Rand entsteht. Teigboden mehrmals mit einer Gabel einstechen. Die Form auf dem Rost in den vorgeheizten Backofen schieben.
Backzeit: etwa 15 Minuten.

4_ Den Tortenboden aus der Form lösen und auf einem mit Backpapier belegten Kuchenrost erkalten lassen.

5_ Für die Creme Gelatine nach Packungsanleitung einweichen.

6_ Einen Pudding aus Pudding-Pulver, Zucker und Milch nach

Packungsanleitung – aber nur mit 375 ml (3/8 l) Milch – zubereiten. Gelatine leicht ausdrücken und unter Rühren in dem heißen Pudding vollständig auflösen. Puddingmasse etwas abkühlen lassen. Crème fraîche und Aroma unterrühren. Die Masse abkühlen lassen, dabei ab und zu umrühren.

7_ Die Puddingmasse auf den Tortenboden geben und glatt streichen. Kirschen, Erdbeeren oder Stachelbeeren darauf verteilen.

8_ Für den Guss aus Tortengusspulver, Zucker und Wasser oder Saft nach Packungsanleitung einen Guss zubereiten und auf den Früchten verteilen. Die Torte etwa 2 Stunden in den Kühlschrank stellen.

Insgesamt: E: 60 g, F: 152 g, Kh: 451 g, kJ: 14731, kcal: 3514

# Rote-Grütze-Marmortorte

*Raffiniert*

**Für den All-in-Teig:**
150 g Weizenmehl
3 gestr. TL Dr. Oetker Backin
150 g Butter oder Margarine
150 g Zucker
1 Pck. Dr. Oetker Vanillin-Zucker
3 Eier (Größe M)
20 g Kakaopulver
1 EL Milch

**Für die Füllung:**
2 Pck. Rote-Grütze-Pulver (Dessertpulver)
500 ml (½ l) Wasser
60 g Zucker
500 g gemischte Beerenfrüchte

**Für den Belag:**
2 Blatt weiße Gelatine
250 g Mascarpone (ital. Frischkäse)
1 TL Zucker
1 Pck. Dr. Oetker Vanillin-Zucker
200 g Schlagsahne

**Zum Garnieren:**
einige Beerenfrüchte

Zubereitungszeit: **60 Minuten, ohne Abkühl- und Kühlzeit**
Backzeit: **etwa 30 Minuten**

1_ Den Backofen vorheizen.
Ober-/Unterhitze: etwa 180 °C, Heißluft: etwa 160 °C

2_ Für den Teig Mehl mit Backpulver in einer Rührschüssel mischen. Restliche Zutaten bis auf Kakao und Milch hinzufügen und alles mit Handrührgerät mit Rührbesen auf höchster Stufe in etwa 2 Minuten zu einem glatten Teig verarbeiten.

3_ Gut die Hälfte des Teiges in eine Springform (Ø 26 cm, Boden gefettet, mit Backpapier belegt) geben und verstreichen. Restlichen Teig mit Kakao und Milch verrühren und auf den hellen Teig streichen. Mit einer Gabel den dunklen Teig durch den hellen Teig ziehen und die Oberfläche wieder etwas glatt streichen. Die Form auf dem Rost in den vorgeheizten Backofen schieben.
Backzeit: etwa 30 Minuten.

4_ Den Boden aus der Form lösen, auf einen mit Backpapier belegten Kuchenrost stürzen und erkalten lassen. Anschließend mitgebackenes Backpapier abziehen und den Boden einmal waagerecht durchschneiden.

5_ Für die Füllung Rote-Grütze-Pulver mit den im Rezept angegebenen Mengen Wasser und Zucker nach Packungsanleitung zubereiten. Beerenfrüchte verlesen und unter die Grütze heben. Den unteren Boden auf eine Tortenplatte legen und einen Tortenring oder den gesäuberten Springformrand darumstellen. Die warme Grütze einfüllen, oberen Boden auflegen und die Füllung erkalten lassen.

6_ Für den Belag Gelatine nach Packungsanleitung einweichen. Mascarpone mit Zucker und Vanillin-Zucker verrühren. Gelatine ausdrücken und in einem kleinen Topf bei schwacher Hitze unter Rühren auflösen. Aufgelöste Gelatine mit etwas Mascarpone verrühren, dann die Mischung unter den restlichen Mascarpone rühren. Sahne steif schlagen und unterheben. Die Creme auf den oberen Boden geben und wellenförmig verstreichen. Die Torte 2–3 Stunden in den Kühlschrank stellen.

7_ Vor dem Servieren Tortenring oder Springformrand vorsichtig lösen und entfernen. Beeren verlesen und auf der Torte verteilen.

Insgesamt: E: 63 g, F: 320 g, Kh: 450 g, kJ: 21104, kcal: 5036

*Tipp:* Statt Mascarpone schmeckt auch Sahnequark oder Ricotta.

# Waldfruchttorte

*Lässt sich gut vorbereiten*

**Für den All-in-Teig:**

100 g Weizenmehl
3 TL Dr. Oetker Backin
75 g Zucker
1 Pck. Dr. Oetker Vanillin-Zucker
3 Eier (Größe M)
2 EL Speiseöl
1 EL Essig

**Für die Füllung:**

1 Beutel aus 1 Pck. Götterspeise Himbeer-Geschmack
200 ml Kirschsaft
50 g Zucker
300 g gemischte Beerenfrüchte
400 g Schmand oder Crème fraîche
200 g Schlagsahne

**Zum Garnieren:**

1 Beutel aus 1 Pck. Götterspeise Himbeer-Geschmack
350 ml Kirschsaft
30 g Zucker

Zubereitungszeit: **50 Minuten, ohne Kühlzeit**
Backzeit: **etwa 20 Minuten**

1_ Den Backofen vorheizen.
Ober-/Unterhitze: etwa 180 °C, Heißluft: etwa 160 °C

2_ Für den Teig Mehl mit Backpulver in einer Rührschüssel mischen. Restliche Zutaten hinzufügen und alles mit Handrührgerät mit Rührbesen auf höchster Stufe in etwa 2 Minuten zu einem Teig verarbeiten. Den Teig in eine Springform (Ø 26 cm, Boden gefettet) geben und glatt streichen. Die Form auf dem Rost in den vorgeheizten Backofen schieben.
Backzeit: etwa 20 Minuten.

3_ Den Boden aus der Form lösen und auf einem Kuchenrost erkalten lassen. Anschließend auf eine Tortenplatte legen und einen Tortenring darumstellen.

4_ Für die Füllung Götterspeise mit Saft und Zucker nach Packungsanleitung, aber mit den hier angegebenen Mengen anrühren und quellen lassen. In der Zwischenzeit Beeren verlesen, einige Beeren zum Garnieren beiseitelegen. Gequollene Götterspeise nach Packungsanleitung auflösen, Schmand oder Crème fraîche unterrühren und die Masse kalt stellen. Wenn die Masse beginnt dicklich zu werden, Sahne steif schlagen und unterheben. Beeren vorsichtig unterheben. Die Creme auf den Tortenboden in die Form geben, glatt streichen und etwa 2 Stunden in den Kühlschrank stellen.

5_ Zum Garnieren in der Zwischenzeit Götterspeise mit Saft und Zucker wie in Punkt 3 quellen lassen und auflösen. Gut ein Drittel davon in eine flache Schale gießen und bis zum Servieren kalt stellen. Restliche Götterspeiseflüssigkeit abkühlen lassen, auf die Torte gießen und die Torte 2–3 Stunden in den Kühlschrank stellen.

6_ Vor dem Servieren Tortenring lösen und entfernen. Götterspeise in der Schale in kleine Würfel schneiden und mit den beiseitegelegten Beeren auf der Tortenoberfläche verteilen.

Insgesamt: E: 87 g, F: 209 g, Kh: 338 g, kJ: 15256, kcal: 3647

*Tipp:* Der Boden kann 1–3 Tage vor dem Gebrauch gebacken und in Alufolie verpackt aufbewahrt werden. Die Torte kann 1–2 Tage vor dem Verzehr zubereitet werden.

# Rotwein-Heidelbeer-Torte

*Mit Alkohol*

**Für den Boden:**
125 g Zartbitter-Kuvertüre
150 g Vitalis Müsli Plus ohne Zuckerzusatz
100 g abgezogene, gehobelte Mandeln

**Für die Rotweincreme:**
6 Blatt weiße Gelatine
200 ml Rotwein oder roter Traubensaft
40 g Zucker
250 g Schlagsahne

**Für den Belag:**
300 g Heidelbeeren
50 g rotes Johannisbeergelee
3 EL Rotwein oder Traubensaft
1 Pck. Tortenguss, klar
1 geh. TL Zucker

Zubereitungszeit: **35 Minuten, ohne Kühl- und Saftziehzeit**

1_ Für den Boden Kuvertüre hacken und in einem kleinen Topf im Wasserbad bei schwacher Hitze schmelzen. Müsli und Mandeln unterrühren. Die Masse in eine Springform (Ø 26 cm, mit Backpapier belegt) geben und mit einem Löffel andrücken. Den Boden in den Kühlschrank stellen und fest werden lassen.

2_ Für die Creme Gelatine nach Packungsanleitung einweichen. 100 ml von dem Rotwein oder Saft mit Zucker in einem kleinen Topf erhitzen (nicht kochen), bis der Zucker gelöst ist. Den Topf von der Kochstelle nehmen. Die ausgedrückte Gelatine in der Flüssigkeit unter Rühren auflösen. Restlichen Wein oder Saft unterrühren, erkalten lassen.

3_ Sahne steif schlagen. Wenn die Wein-Gelatine-Flüssigkeit anfängt dicklich zu werden, Sahne unterheben. Die Creme auf den fest gewordenen Müsliboden geben und glatt streichen. Torte mindestens 1 Stunde in den Kühlschrank stellen.

4_ Für den Belag Heidelbeeren putzen, waschen, abtropfen lassen und in eine Schüssel geben. Gelee mit Wein oder Saft verrühren, zu den Heidelbeeren geben und etwa 30 Minuten zum Saftziehen stehen lassen.

5_ Heidelbeeren auf ein Sieb geben, den Saft auffangen und mit Wein oder Wasser auf 250 ml (¼ l) auffüllen. Die Heidelbeeren auf der Creme verteilen.

6_ Aus Tortengusspulver, Zucker und der abgemessenen Flüssigkeit nach Packungsanleitung einen Guss zubereiten und auf den Heidelbeeren verteilen. Den Guss fest werden lassen. Springformrand mit einem Messer lösen. Springformrand und -boden entfernen.

Insgesamt: E: 58 g, F: 185 g, Kh: 273 g, kJ: 12952, kcal: 3089

*Tipp:* Statt Heidelbeeren können Sie auch Brombeeren verwenden.

# Apfel-Wein-Torte

*Mit Alkohol*

**Für den Knetteig:**
250 g Weizenmehl
1 TL Dr. Oetker Backin
125 g Zucker
1 Pck. Dr. Oetker Vanillin-Zucker
1 Ei (Größe M)
125 g Butter oder Margarine

**Zum Bestreuen:**
2 EL Semmelbrösel

**Für den Belag:**
1 kg Äpfel
1 Msp. gemahlener Zimt
2 Pck. Dr. Oetker Pudding-Pulver Vanille-Geschmack
750 ml (3/4 l) Apfelwein
175 g Zucker

400 g Schlagsahne
2 Pck. Dr. Oetker Sahnesteif
1 Pck. Dr. Oetker Vanillin-Zucker

**Zum Bestäuben:**
etwas Kakaopulver

Zubereitungszeit: **45 Minuten, ohne Kühlzeit**
Backzeit: **etwa 60 Minuten**

1_ Für den Teig Mehl mit Backpulver in einer Rührschüssel mischen. Zucker, Vanillin-Zucker, Ei und Butter oder Margarine hinzufügen. Die Zutaten mit Handrührgerät mit Rührbesen zunächst kurz auf niedrigster, dann auf höchster Stufe gut durcharbeiten.

2_ Anschließend auf der leicht bemehlten Arbeitsfläche zu einem glatten Teig verkneten. Sollte er kleben, ihn in Folie gewickelt eine Zeit lang kalt stellen. Den Backofen vorheizen.
Ober-/Unterhitze: etwa 180 °C, Heißluft: etwa 160 °C

3_ Zwei Drittel des Teiges auf dem Boden einer Springform (Ø 28 cm, gefettet) ausrollen. Den Springformrand darumstellen. Restlichen Teig zu einer Rolle formen und so an den Formrand drücken, dass ein gut 3 cm hoher Rand entsteht. Den Teigboden mit Semmelbröseln bestreuen.

4_ Für den Belag Äpfel schälen, vierteln und entkernen. Apfelviertel in dünne Spalten schneiden. Apfelspalten mit Zimt mischen und auf dem Teigboden verteilen.

5_ Aus Pudding-Pulver, Apfelwein und Zucker nach Packungsanleitung, aber mit den hier angegebenen Zutaten einen Pudding zubereiten und noch heiß auf den Apfelspalten verteilen. Die Form auf dem Rost in den vorgeheizten Backofen schieben.
Backzeit: etwa 60 Minuten.

6_ Die Form auf einen Kuchenrost stellen. Die Torte vom Rand lösen, aber in der Form etwa 1 Stunde abkühlen lassen. Dann Rand und Boden lösen und entfernen. Die Torte auf einem mit Backpapier belegten Kuchenrost erkalten lassen (etwa 3 Stunden).

7_ Sahne mit Sahnesteif und Vanillin-Zucker steif schlagen und auf die Tortenoberfläche streichen. Torte nochmals etwa 30 Minuten kalt stellen.

8_ Die Torte vor dem Servieren mit Kakao bestäuben.

Insgesamt: E: 47 g, F: 246 g, Kh: 759 g, kJ: 24224, kcal: 5787

# Pflaumentarte mit Crème-fraîche-Guss

*Einfach – schnell – mit Alkohol*

**Für den Knetteig:**
200 g Weizenmehl
25 g Zucker
1 Prise Salz
125 g Butter oder Margarine
2 EL kaltes Wasser

**Für den Belag:**
750 g Pflaumen

**Für den Guss:**
2 Eier (Größe M)
1 Pck. Dr. Oetker Vanillin-Zucker
1 Becher (150 g) Crème fraîche
3 EL Eierlikör
1 gestr. EL Speisestärke

**Zum Bestreuen:**
2 EL Hagelzucker

Zubereitungszeit: **35 Minuten, ohne Abkühlzeit**
Backzeit: **45–50 Minuten**

1_ Für den Teig Mehl in eine Rührschüssel geben. Zucker, Salz, Butter oder Margarine und Wasser hinzufügen. Die Zutaten mit Handrührgerät mit Rührbesen zunächst kurz auf niedrigster, dann auf höchster Stufe gut durcharbeiten.

2_ Anschließend auf der bemehlten Arbeitsfläche zu einem glatten Teig verkneten. Sollte er kleben, ihn in Folie gewickelt eine Zeit lang kalt stellen. Den Backofen vorheizen.
Ober-/Unterhitze: etwa 200 °C, Heißluft: etwa 180 °C

3_ Zwei Drittel des Teiges auf der bemehlten Arbeitsfläche zu einer runden Platte (Ø etwa 26 cm) ausrollen und in eine Tarteform (Ø etwa 26 cm, gefettet) legen. Teigboden mehrmals mit einer Gabel einstechen. Die Form auf dem Rost in den vorgeheizten Backofen schieben und den Boden vorbacken.
Backzeit: 10–15 Minuten.

4_ Für den Belag Pflaumen waschen, trocken reiben, entstielen, halbieren, vierteln und entsteinen. Die Spitzen etwa 1 cm tief einschneiden.

5_ Die Form auf einen Kuchenrost stellen und den vorgebackenen Boden etwa 20 Minuten abkühlen lassen.

6_ Restlichen Teig zu einer Rolle formen, auf den vorgebackenen Boden legen und an den Tarterand drücken. Die Pflaumenviertel dachziegelartig auf den vorgebackenen Boden legen.

7_ Für den Guss Eier, Vanillin-Zucker, Crème fraîche, Eierlikör und Speisestärke zu einer geschmeidigen Masse verrühren und auf den Pflaumenvierteln verteilen. Die Form wieder auf dem Rost in den vorgeheizten Backofen schieben und den Kuchen **bei gleicher Backofeneinstellung in etwa 35 Minuten fertig backen.**

8_ Die Form auf einen Kuchenrost stellen. Die Tarte mit Hagelzucker bestreuen und erkalten lassen.

Insgesamt: E: 45 g, F: 168 g, Kh: 313 g, kJ: 12555, kcal: 3006

*Tipp:* Anstelle einer Tarteform kann auch eine Springform (Ø 26 cm, Boden gefettet) verwendet werden, dabei den Teig am Rand etwa 3 cm hochdrücken.

# Obstkuchen, französisch

*Raffiniert*

**Für den Knetteig:**
200 g Weizenmehl
1 Pck. Dr. Oetker Vanillin-Zucker
1 Prise Salz
1 Ei (Größe M)
100 g Butter oder Margarine

**Für den Belag:**
250 g Aprikosen
3 mittelgroße Äpfel
2 Birnen

**Für den Guss:**
2 Eigelb (Größe M)
250 g Schlagsahne
60 g Zucker
1 Pck. Dr. Oetker Vanillin-Zucker
2 gestr. EL Speisestärke

**Zum Aprikotieren:**
4–5 EL Aprikosenkonfitüre
1 EL Wasser

Zubereitungszeit: **40 Minuten**
Backzeit: **etwa 50 Minuten**

1_ Für den Teig Mehl in eine Rührschüssel geben. Restliche Zutaten hinzufügen und mit Handrührgerät mit Knethaken zunächst kurz auf niedrigster, dann auf höchster Stufe gut durcharbeiten. Anschließend auf der leicht bemehlten Arbeitsfläche zu einem glatten Teig verkneten. Sollte er kleben, ihn in Folie gewickelt eine Zeit lang kalt stellen. Den Backofen vorheizen.
Ober-/Unterhitze: etwa 180 °C, Heißluft: etwa 160 °C

2_ Gut die Hälfte des Teiges auf dem Boden eine Springform (Ø 26 cm, Boden gefettet) ausrollen, Springformrand darumlegen. Die Form auf dem Rost in den vorgeheizten Backofen schieben und den Boden vorbacken.
Backzeit: etwa 10 Minuten.

3_ Die Form auf einen Kuchenrost stellen und Gebäckboden etwas abkühlen lassen. Restlichen Teig zu einer langen Rolle formen, als Rand auf den vorgebackenen Boden legen und so an die Form drücken, dass ein 2–3 cm hoher Rand entsteht.

4_ Für den Belag Aprikosen abspülen, trocken tupfen, halbieren, entsteinen und in Spalten schneiden. Äpfel und Birnen schälen, vierteln, entkernen und ebenfalls in Spalten schneiden.
Den vorgebackenen Boden mit dem Obst belegen.

5_ Für den Guss Eigelb und Sahne mit einem Schneebesen verrühren. Zucker, Vanillin-Zucker und Speisestärke unterrühren.
Den Guss auf dem Obst verteilen. Die Form wieder auf dem Rost in den heißen Backofen schieben und den Kuchen **bei gleicher Backofeneinstellung in etwa 40 Minuten fertig backen.**

6_ Den Kuchen nach dem Backen aus der Form lösen. Zum Aprikotieren Konfitüre durch ein Sieb streichen und mit Wasser unter Rühren gut aufkochen lassen. Den heißen Kuchen sofort mit einem Backpinsel damit bestreichen und etwas abkühlen lassen. Den Kuchen aus der Form lösen und auf einem Kuchenrost erkalten lassen.

Insgesamt: E: 44 g, F: 186 g, Kh: 416 g, kJ: 14923, kcal: 3566

*Tipp:* Statt Schlagsahne können Sie für den Guss auch 250 g Rahmjoghurt (10 % Fett) verwenden.

# Himbeer-Frischkäse-Torte

*Fruchtig*

**Zum Vorbereiten:**
500 g TK-Himbeeren

**Für den Keksboden:**
etwa 14 Butterkekse
50 g zerlassene, abgekühlte Butter
1–2 TL Zucker

**Für den Biskuitteig:**
2 Eier (Größe M)
1 EL heißes Wasser
75 g Zucker
1 Pck. Dr. Oetker Vanillin-Zucker
100 g Weizenmehl
1 gestr. TL Dr. Oetker Backin

**Für den Belag:**
200 g Doppelrahm-Frischkäse
50 g gesiebter Puderzucker
500 g Schlagsahne
2 Pck. Dr. Oetker Sahnesteif
1–2 TL Zucker
1 Pck. Dr. Oetker Vanillin-Zucker

**Für den Guss:**
4 Blatt rote Gelatine
Himbeersaft von den TK-Himbeeren
100 ml Himbeersirup
etwas Wasser

Zubereitungszeit: **45 Minuten, ohne Auftau-, Abkühl- und Kühlzeit**
Backzeit: **etwa 25 Minuten**

1_ Zum Vorbereiten Himbeeren auf ein Sieb geben und auftauen lassen, dabei den Saft auffangen.

2_ Für den Keksboden Butterkekse nebeneinander in eine Springform (Ø 26 cm, Boden gefettet, mit Backpapier belegt) legen, dabei die Rundungen der Form mit Keksstücken ausfüllen. Die Keksschicht mit Butter bestreichen und mit Zucker bestreuen. Danach den Backofen vorheizen.
Ober-/Unterhitze: etwa 180 °C, Heißluft: etwa 160 °C

3_ Für den Teig Eier und Wasser mit Handrührgerät mit Rührbesen auf höchster Stufe in 1 Minute schaumig schlagen. Zucker und Vanillin-Zucker mischen, in 1 Minute einstreuen und noch etwa 2 Minuten weiterschlagen. Mehl mit Backpulver mischen, auf die Eiercreme geben und kurz auf niedrigster Stufe unterrühren.

4_ Den Teig auf dem Keksboden in der Form verteilen und vorsichtig verstreichen. Die Form auf dem Rost in den vorgeheizten Backofen schieben.
Backzeit: etwa 25 Minuten.

5_ Das Gebäck aus der Form lösen und auf einem Kuchenrost erkalten lassen. Anschließend mitgebackenes Backpapier entfernen.

6_ Für den Belag Frischkäse mit Puderzucker verrühren, auf dem Biskuitboden verteilen und verstreichen. Himbeeren darauf verteilen. Einen Tortenring darumlegen.

7_ Sahne mit Sahnesteif, Zucker und Vanillin-Zucker steif schlagen. 3 Esslöffel beiseitestellen. Die übrige Sahne auf den Himbeeren verteilen und glatt streichen.

8_ Für den Guss die Gelatine nach Packungsanleitung einweichen. Den aufgefangenen Himbeersaft mit Himbeersirup und Wasser auf 250 ml (¼ l) auffüllen. Gelatine leicht ausdrücken und in einem kleinen Topf unter Rühren auflösen. Gelatine mit etwas von der Himbeerflüssigkeit verrühren, unter die Mischung unter die restliche Flüssigkeit rühren und kalt stellen.

9_ Wenn die Flüssigkeit beginnt dicklich zu werden, sie vorsichtig esslöffelweise auf die Sahne geben. Die Torte etwa 2 Stunden in den Kühlschrank stellen.

10_ Tortenring entfernen und den Tortenrand mit der beiseite gestellten Sahne bestreichen.

Insgesamt: E: 80 g, F: 289 g, Kh: 483 g, kJ: 20994, kcal: 5016

# Himbeer-Biskuitrolle

*Beliebt*

**Für den Biskuitteig:**
3 Eier (Größe M)
1 Eigelb (Größe M)
60 g Zucker
1 Pck. Dr. Oetker Vanillin-Zucker
60 g Weizenmehl
1 Msp. Dr. Oetker Backin

**Für die Füllung:**
1 Beutel aus 1 Pck. Götterspeise Himbeer-Geschmack
80 g Zucker
300 ml Wasser
250 g Magerquark
250 g Schlagsahne
200 g frische oder TK-Himbeeren

**Zum Garnieren und Bestäuben:**
100 g frische oder TK-Himbeeren
Puderzucker

Zubereitungszeit: **35 Minuten, ohne Abkühl- und Kühlzeit**
Backzeit: **8–10 Minuten**

1_ Den Backofen vorheizen.
Ober-/Unterhitze: etwa 200 °C, Heißluft: etwa 180 °C

2_ Für den Teig Eier und Eigelb mit Handrührgerät mit Rührbesen auf höchster Stufe in 1 Minute schaumig schlagen. Zucker und Vanillin-Zucker mischen, in 1 Minute unter Rühren einstreuen, noch etwa 2 Minuten weiterschlagen.

3_ Mehl mit Backpulver mischen, auf die Eiercreme geben und kurz auf niedrigster Stufe unterrühren. Den Teig auf ein Backblech (30 x 40 cm, gefettet, mit Backpapier belegt) geben und verstreichen. Das Backblech in den vorgeheizten Backofen schieben.
Backzeit: 8–10 Minuten.

4_ Biskuitplatte sofort vom Rand lösen, mit dem Backpapier vom Backblech ziehen, auf die Arbeitsfläche stürzen und das Backpapier abziehen. Gebäckplatte erkalten lassen.

5_ Für die Füllung Götterspeise mit Zucker und Wasser nach Packungsanleitung, aber nur mit 300 ml Wasser zubereiten, in eine Rührschüssel geben und abkühlen lassen. Quark mit einem Schneebesen unter die abgekühlte Götterspeise rühren. Masse in den Kühlschrank stellen und gelegentlich umrühren. Wenn die Masse beginnt dicklich zu werden, Sahne steif schlagen und unterheben.

6_ Zwei Drittel der Creme auf die Biskuitplatte streichen, Himbeeren verlesen (nicht waschen) und darauf verteilen (gefrorene Himbeeren unaufgetaut verwenden), dabei etwa 1 cm am Rand frei lassen. Creme etwas fester werden lassen, dann die Biskuitplatte von der langen Seite aus aufrollen. Die Rolle mit der restlichen Creme bestreichen und etwa 2 Stunden in den Kühlschrank stellen.

7_ Vor dem Servieren die Rolle mit Himbeeren garnieren und mit Puderzucker bestäuben.

Insgesamt: E: 90 g, F: 106 g, Kh: 228 g, kJ: 9492, kcal: 2265

# Johannisbeer-Crossietorte

*Klassisch*

**Für den Boden:**
150 g weiße Kuvertüre
150 g Knusperflakes oder Cornflakes
50 g abgezogene, gehackte Mandeln

**Für den Belag:**
250 g rote Johannisbeeren
400 g Schlagsahne
75 g Zucker
1 Pck. Dr. Oetker Vanillin-Zucker
2 Pck. Dr. Oetker Sahnesteif
250 g Doppelrahm-Frischkäse

**Zum Garnieren:**
50 g rote Johannisbeeren

Zubereitungszeit: **35 Minuten, ohne Kühlzeit**

1_ Für den Boden Kuvertüre in einem kleinen Topf im Wasserbad bei schwacher Hitze geschmeidig rühren und mit Knusperflakes oder Cornflakes und Mandeln in einer Schüssel gut vermengen. Einige kleine Flakes-Häufchen zum Garnieren auf ein Stück Backpapier geben und fest werden lassen.

2_ Einen Springformrand (Ø 26 cm) auf eine mit Tortenspitze oder Backpapier belegte Tortenplatte stellen, restliche Flakes-Masse darin verteilen und mit einem Esslöffel gut andrücken. Den Boden in den Kühlschrank stellen.

3_ Für den Belag Johannisbeeren abspülen, abtropfen lassen und die Beeren von den Rispen streifen. Sahne mit Zucker, Vanillin-Zucker und Sahnesteif steif schlagen. Frischkäse glatt rühren, kurz mit der Sahne verrühren und Johannisbeeren unterheben. Die Creme auf den Boden geben und leicht wellenartig verstreichen. Die Torte etwa 2 Stunden in den Kühlschrank stellen.

4_ Zum Garnieren Springformrand lösen und entfernen. Johannisbeeren abspülen, abtropfen lassen und die Beeren von den Rispen streifen. Knapp die Hälfte davon mit Hilfe einer Gabel zerdrücken oder grob pürieren und die Masse mit Hilfe von 2 Teelöffeln in Häufchen auf die Oberfläche setzen. Die Torte mit den restlichen Johannisbeeren und den Flakes-Häufchen garnieren.

Insgesamt: E: 70 g, F: 289 g, Kh: 333 g, kJ: 17736, kcal: 4234

# Beerige Knuspertarte

*Schnell gemacht*

**Für den Knetteig:**
150 g Weizenmehl
50 g Kokosraspel
50 g Zucker
1 Pck. Dr. Oetker Bourbon-Vanille-Zucker
100 g Butter oder Margarine
50 ml Sherry oder Wasser

**Für den Belag:**
1 Becher (500 g) Sahnepudding aus dem Kühlregal
750 g gemischtes Beerenobst, z. B. Himbeeren, Brombeeren, Johannisbeeren und Heidelbeeren
1 Pck. Tortenguss, klar
200 ml Wasser
50 ml Sherry oder Apfelsaft
30 g Zucker

Zubereitungszeit: **30 Minuten, ohne Abkühlzeit**
Backzeit: **etwa 20 Minuten**

1_ Den Backofen vorheizen.
Ober-/Unterhitze: etwa 200 °C, Heißluft: etwa 180 °C

2_ Für den Teig Mehl in eine Rührschüssel geben. Restliche Zutaten hinzufügen und mit Handrührgerät mit Knethaken zunächst kurz auf niedrigster, dann auf höchster Stufe gut durcharbeiten. Anschließend auf der bemehlten Arbeitsfläche zu einem glatten Teig verkneten.

3_ Den Teig zu einer Platte (Ø 30 cm) ausrollen und eine Tarteform (Ø 26 cm, gefettet) damit auslegen. Den Teig am Rand gut andrücken, mehrmals mit einer Gabel einstechen und die Form auf dem Rost in den vorgeheizten Backofen schieben.
Backzeit: etwa 20 Minuten.

4_ Die Tarte in der Form auf einen Kuchenrost stellen und erkalten lassen.

5_ Für den Belag Pudding im Becher kurz durchrühren und auf dem Boden glatt streichen. Beerenfrüchte verlesen, evtl. abspülen, trocken tupfen und von den Rispen streifen und leicht bergartig darauf verteilen.

6_ Aus Tortengusspulver, Wasser, Sherry oder Apfelsaft und Zucker nach Packungsanleitung einen Guss zubereiten, auf den Früchten verteilen und fest werden lassen.

Insgesamt: E: 42 g, F: 168 g, Kh: 331 g, kJ: 12925, kcal: 3084

*Tipp:* Die Tarte schmeckt frisch am besten, der Boden kann allerdings 1–2 Tage vorher gebacken werden.
Anstelle der Kokosraspel schmecken auch Haselnusskerne oder Mandeln.
Sie können den Pudding auch selbst aus 1 Päckchen Pudding-Pulver Vanille- oder Sahne-Geschmack, 400 g Sahne und 50 g Zucker nach Packungsanleitung zubereiten.

# Stachelbeer-Käsetorte

*Lässt sich gut vorbereiten*

**Für den Knetteig:**
200 g Weizenmehl
75 g Zucker
1 Pck. Dr. Oetker Bourbon-Vanille-Zucker
100 g weiche Butter oder Margarine
2 EL Wasser

**Für den Rand:**
1 EL Weizenmehl

**Für den Belag:**
250 g Stachelbeeren
400 g Doppelrahm-Frischkäse
250 g Magerquark
100 g Schlagsahne
2 Eier (Größe M)
1 Pck. Saucenpulver Vanille-Geschmack zum Kochen
100 g Zucker
1 Pck. Dr. Oetker Vanillin-Zucker
Saft von 1 kleinen Zitrone

**Zum Verzieren und Garnieren:**
200 g Schlagsahne
1 Pck. Dr. Oetker Sahnesteif
1 TL Zucker
25 g weiße Kuvertüre
25 g Halbbitter-Kuvertüre
einige Stachelbeeren

Zubereitungszeit: **45 Minuten, ohne Abkühlzeit**
Backzeit: **etwa 65 Minuten**

1_ Den Backofen vorheizen.
Ober-/Unterhitze: etwa 180 °C
Heißluft: etwa 160 °

2_ Für den Teig Mehl in eine Rührschüssel geben. Restliche Zutaten hinzufügen und mit Handrührgerät mit Knethaken zunächst kurz auf niedrigster, dann auf höchster Stufe gut durcharbeiten. Anschließend auf der leicht bemehlten Arbeitsfläche zu einem glatten Teig verkneten. Gut zwei Drittel des Teiges auf dem Boden einer Springform (Ø 26 cm, gefettet) ausrollen, mehrmals mit einer Gabel einstechen, den Springformrand darumstellen und die Form auf dem Rost in den vorgeheizten Backofen schieben. Backzeit: etwa 15 Minuten.

3_ Die Form aus dem Backofen nehmen, auf einen Kuchenrost stellen und etwas abkühlen lassen.

4_ Für den Rand unter den restlichen Teig Mehl kneten und eine Rolle formen, sie als Rand auf den gebackenen Boden legen und so andrücken, dass ein etwa 3 cm hoher Rand entsteht.

5_ Für den Belag Stachelbeeren abspülen und trocken tupfen. Alle anderen Zutaten in eine Rührschüssel geben und mit Handrührgerät mit Rührbesen gut verrühren. Die Hälfte der Käsecreme in die Form füllen, glatt streichen und mit den Stachelbeeren belegen. Die restliche Käsecreme darauf verstreichen. Die Form auf dem Rost in den Backofen schieben und **bei gleicher Backofeneinstellung nochmals etwa 50 Minuten backen.**

6_ Den Kuchen auf einem Kuchenrost erkalten lassen, anschließend aus der Form lösen und auf eine Tortenplatte setzen. Zum Verzieren Sahne mit Sahnesteif und Zucker steif schlagen und in der Mitte der Torte leicht wellenartig verstreichen.

7_ Kuvertüre grob hacken und getrennt in einem kleinen Topf im Wasserbad bei schwacher Hitze geschmeidig rühren. Weiße Kuvertüre in ein Papiertütchen oder kleinen Gefrierbeutel füllen, eine kleine Ecke abschneiden und Spiralen auf ein Backpapier spritzen. Die Kuvertüre etwas fest werden lassen, dann mit der dunklen Kuvertüre Spiralen darauf spritzen und fest werden lassen. Den Kuchen mit abgespülten, trocken getupften Stachelbeeren und mit den Spiralen garnieren.

Insgesamt: E: 126 g, F: 339 g, Kh: 432 g, kJ: 22192, kcal: 5299

# Heidelbeertarte

*Beliebt*

**Für den Rührteig:**
100 g weiche Butter oder Margarine
150 g brauner Zucker
1 Pck. Dr. Oetker Vanillin-Zucker
1 Pck. Dr. Oetker Finesse Geriebene Zitronenschale
3 Eier (Größe M)
200 g Weizenmehl
2 TL Dr. Oetker Backin

300 g TK-Heidelbeeren

**Zum Bestäuben:**
Puderzucker

Zubereitungszeit: **15 Minuten, ohne Abkühlzeit**
Backzeit: **etwa 35 Minuten**

1_ Den Backofen vorheizen.
Ober-/Unterhitze: etwa 180 °C, Heißluft: etwa 160 °C

2_ Für den Teig Butter oder Margarine mit Handrührgerät mit Rührbesen auf höchster Stufe geschmeidig rühren. Nach und nach Zucker, Vanillin-Zucker und Zitronenschale unterrühren. So lange rühren, bis eine gebundene Masse entstanden ist.

3_ Eier nach und nach unterrühren (jedes Ei etwa ½ Minute). Mehl mit Backpulver gut vermischen und kurz auf mittlerer Stufe unterrühren.

4_ Den Teig in eine Tarteform (Ø etwa 28 cm, gefettet) füllen und glatt streichen. Gefrorene Heidelbeeren auf dem Teig verteilen. Die Form auf dem Rost in den vorgeheizten Backofen schieben. Backzeit: etwa 35 Minuten.

5_ Die Tarte nach dem Backen in der Form auf einen Kuchenrost stellen und erkalten lassen. Die Tarte vor dem Servieren mit Puderzucker bestäuben.

Insgesamt: E: 43 g, F: 110 g, Kh: 335 g, kJ: 10575, kcal: 2527

*Tipp:* Sie können die Tarte auch mit der gleichen Menge tiefgekühlter Himbeeren, Brombeeren oder Zwetschen zubereiten. Gut dazu schmeckt mit Eierlikör abgeschmeckte, geschlagene Sahne.

# Erdbeer-Crunch-Röllchen

*Fruchtig*

**Für den Biskuitteig:**
3 Eier (Größe M)
1 Eigelb (Größe M)
75 g Zucker
1 Pck. Dr. Oetker Vanillin-Zucker
75 g Weizenmehl
25 g Speisestärke
½ TL Dr. Oetker Backin

**Für die Füllung:**
1 Becher (150 g) Götterspeise Himbeer-Geschmack
75 g weiße Crunch-Schokolade
200 g Erdbeeren
250 g Schlagsahne
1 Pck. Dr. Oetker Sahnesteif
1 Pck. Dr. Oetker Vanillin-Zucker
1 EL Limettensaft
abgeriebene Schale von 1 Bio-Limette (unbehandelt)
1 TL Zucker

**Zum Garnieren:**
1 geh. EL Erdbeerkonfitüre
25 g weiße Crunch-Schokolade

Zubereitungszeit: **45 Minuten, ohne Abkühlzeit**
Backzeit: **8–10 Minuten**

1_ Den Backofen vorheizen.
Ober-/Unterhitze: etwa 200 °C, Heißluft: etwa 180 °C

2_ Für den Teig Eier und Eigelb mit Handrührgerät mit Rührbesen auf höchster Stufe in 1 Minute schaumig schlagen. Zucker und Vanillin-Zucker mischen, in 1 Minute einstreuen und noch etwa 2 Minuten weiterschlagen.

3_ Mehl mit Speisestärke und Backpulver mischen, auf die Eiercreme geben und kurz auf niedrigster Stufe unterrühren. Den Teig auf ein Backblech (30 x 40 cm, gefettet, mit Backpapier belegt) geben, glatt streichen und das Backblech in den vorgeheizten Backofen schieben.
Backzeit: 8–10 Minuten.

4_ Den Biskuit nach dem Backen vom Rand lösen, auf ein mit Zucker bestreutes Backpapier stürzen, mit dem Backpapier erkalten lassen.

5_ Für die Füllung Götterspeise aus dem Becher stürzen und fein hacken. Schokolade ebenfalls fein hacken. Erdbeeren waschen, abtropfen lassen, putzen und in Scheiben schneiden, evtl. halbieren. Sahne mit Sahnesteif, Vanillin-Zucker und Limettensaft steif schlagen. Götterspeisewürfel, Limettenschale und Zucker hinzugeben und die gehackte Schokolade unterheben.

6_ Das mitgebackene Backpapier vorsichtig von der Gebäckplatte abziehen. Die Creme auf die Gebäckplatte streichen und die Platte der Länge nach halbieren. Jede Hälfte mit Erdbeerscheiben belegen, von der längeren Seite her fest aufrollen und kalt stellen.

7_ Zum Garnieren Konfitüre durch ein Sieb streichen, in einen Gefrierbeutel geben und über die beiden Rollen sprenkeln. Die Rollen mit gehackter Schokolade bestreuen und jede Rolle in 5–6 Röllchen schneiden.

Insgesamt: E: 51 g, F: 138 g, Kh: 296 g, kJ: 11066, kcal: 2640

*Tipp:* Die Crunch-Röllchen schmecken auch gut mit Himbeeren.

# Pfirsich-Kokos-Tarte

*Raffiniert*

**Für die Streusel:**
50 g Weizenmehl
25 g Kokosraspel
50 g Zucker
50 g weiche Butter

**Für den Belag:**
1 Dose Pfirsichhälften
(Abtropfgewicht 465 g)

**Für den All-in-Teig:**
1 Bio-Limette (unbehandelt)
125 g Weizenmehl
1 gestr. TL Dr. Oetker Backin
50 g Zucker
1 Ei (Größe M)
100 ml Speiseöl
100 g Crème fraîche
50 g Kokosraspel

Zubereitungszeit: **30 Minuten**
Backzeit: **40–45 Minuten**

1_ Den Backofen vorheizen.
Ober-/Unterhitze: etwa 180 °C, Heißluft: etwa 160 °C

2_ Für die Streusel Mehl, Kokosraspel und Zucker in eine Rührschüssel geben und mit einem Schneebesen verrühren. Butter hinzufügen. Die Zutaten mit Handrührgerät mit Rührbesen zu Streuseln von gewünschter Größe verarbeiten. Je länger gerührt wird, desto größer die Streusel. Streusel bis zum Gebrauch kühl stellen.

3_ Für den Belag Pfirsichhälften auf einem Sieb abtropfen lassen.

4_ Für den Teig die Limette heiß abspülen, trocken tupfen, die Schale auf der Haushaltsreibe abreiben, mit Mehl und Backpulver in eine Rührschüssel geben und mit einem Schneebesen verrühren. Zucker, Ei, Speiseöl, Crème fraîche und Kokosraspel hinzufügen. Die Zutaten mit Handrührgerät mit Rührbesen in 1 Minute zu einem glatten Teig verarbeiten.

5_ Den Teig in eine Tarteform (Ø etwa 28 cm, gefettet) füllen und glatt streichen. Pfirsichhälften in jeweils 4 Spalten schneiden und kreisförmig auf den Teig legen.

6_ Streusel auf Pfirsichspalten und Teig verteilen. Die Form auf dem Rost in den vorgeheizten Backofen schieben.
Backzeit: 40–45 Minuten.

7_ Die Form auf einen Kuchenrost stellen. Die Tarte lauwarm oder kalt servieren.

Insgesamt: E: 35 g, F: 231 g, Kh: 317 g, kJ: 14616, kcal: 3495

*Tipp:* Wenn Sie frische Pfirsiche verwenden möchten, ritzen Sie die Haut an der Unterseite der Pfirsiche kreuzweise ein. Die Pfirsiche erst kurz in kochendes, anschließend in kaltes Wasser legen und die Haut abziehen. Dann die Pfirsiche halbieren und den Stein entfernen.

# Aprikosen-Schmand-Kuchen

*Für Kinder*

**Für den Schüttelteig:**
150 g Weizenmehl
1 Pck. Saucen-Pulver Vanille-Geschmack, zum Kochen
3 gestr. TL Dr. Oetker Backin
125 g Zucker
3 Eier (Größe M)
125 g zerlassene, abgekühlte Butter oder Margarine
100 ml Milch
50 g Mohnsamen

**Für die Creme:**
250 g Schlagsahne
2 Pck. Dr. Oetker Sahnesteif
35 g Zucker
1 Pck. Dr. Oetker Vanillin-Zucker
200 g Schmand (24 % Fett)

**Für den Belag:**
350 g reife, aromatische Aprikosen
100 g quadratische Schokowaffeln

Zubereitungszeit: **35 Minuten, ohne Kühlzeit**
Backzeit: **25–30 Minuten**

1_ Den Backofen vorheizen.
Ober-/Unterhitze: etwa 180 °C, Heißluft: etwa 160 °C

2_ Für den Teig Mehl mit Saucen-Pulver und Backpulver mischen, in eine verschließbare Schüssel (3-Liter-Inhalt) sieben und mit Zucker vermengen. Eier, Butter oder Margarine und Milch hinzufügen. Schüssel mit dem Deckel fest verschließen.

3_ Mehrmals (insgesamt 15–30 Sekunden) kräftig schütteln, so dass alle Zutaten gut vermischt sind. Mohnsamen hinzugeben. Alles mit einem Schneebesen oder Rührlöffel nochmals sorgfältig durchrühren, damit vor allem trockene Zutaten vom Rand mit untergerührt werden.

4_ Den Teig in eine Springform (Ø 26 cm, Boden gefettet) geben und glatt streichen. Die Form auf dem Rost in den vorgeheizten Backofen schieben.
Backzeit: 25–30 Minuten.

5_ Den Gebäckboden aus der Form lösen und auf einem Kuchenrost erkalten lassen. Boden auf eine Platte legen. Einen Tortenring darumstellen.

6_ Für die Creme Sahne mit Sahnesteif, Zucker und Vanillin-Zucker steif schlagen und den Schmand unterheben. Die Creme auf den Boden streichen und den Kuchen mindestens 2 Stunden in den Kühlschrank stellen. Den Tortenring lösen und entfernen.

7_ Für den Belag Aprikosen waschen, abtropfen lassen, halbieren, entsteinen und in Spalten schneiden. Den Kuchen vor dem Servieren mit Schokowaffeln und Aprikosenspalten garnieren.

Insgesamt: E: 73 g, F: 298 g, Kh: 323 g, kJ: 18741, kcal: 4479

# Physalis-Pfirsich-Kuchen

*Fruchtig*

**Für den Schüttelteig:**
250 g Weizenmehl
2 TL Dr. Oetker Backin
200 g Puderzucker
3 Eier (Größe M)
200 ml Multivitaminsaft
125 ml (1/8 l) Speiseöl

**Für die Creme:**
2 Pck. Paradiescreme Zitronen-Geschmack
400 ml Milch
250 g griechischer Sahnejoghurt (10 % Fett)

**Für den Belag:**
20 Physalis ohne Hüllen (Kapstachelbeeren)
4 reife Pfirsiche

**Für den Guss:**
2 Pck. Tortenguss, klar
4 EL Zucker
500 ml (1/2 l) Wasser oder Apfelsaft

Zubereitungszeit: **35 Minuten, ohne Kühlzeit**
Backzeit: **15–20 Minuten**

1_ Den Backofen vorheizen.
Ober-/Unterhitze: etwa 180 °C, Heißluft: etwa 160 °C

2_ Für den Teig Mehl mit Backpulver und Puderzucker mischen und in eine verschließbare Schüssel (etwa 3 l) geben. Eier, Multivitaminsaft und Speiseöl hinzufügen und die Schüssel mit dem Deckel fest verschließen.

3_ Mehrmals (insgesamt 15–30 Sekunden) kräftig schütteln, so dass alle Zutaten gut vermischt sind. Alles mit einem Schneebesen oder Rührlöffel nochmals sorgfältig durchrühren, damit vor allem trockene Zutaten vom Rand mit untergerührt werden.

4_ Den Teig in eine Fettfangschale (30 x 40 cm, gefettet, bemehlt) geben und glatt streichen. Die Fettfangschale in den vorgeheizten Backofen schieben.
Backzeit: 15–20 Minuten.

5_ Die Fettfangschale auf einen Kuchenrost stellen und die Gebäckplatte erkalten lassen.

6_ Für die Creme Paradiescreme mit Milch nach Packungsanleitung – aber nur mit 400 ml Milch – zubereiten. Joghurt unterrühren und die Creme auf der Gebäckplatte streichen. Den Kuchen etwa 1 Stunde in den Kühlschrank stellen, bis die Creme fest geworden ist.

7_ Für den Belag Physalis waschen, trocken tupfen und halbieren. Pfirsiche waschen, trocken tupfen, halbieren, entsteinen und in feine Spalten schneiden. Physalis- und Pfirsichspalten auf der Creme verteilen.

8_ Für den Guss Tortengusspulver mit Zucker und Wasser oder Apfelsaft nach Packungsanleitung zubereiten. Den Guss vorsichtig auf den Früchten verteilen und fest werden lassen.

Insgesamt: E: 74 g, F: 187 g, Kh: 539 g, kJ: 17954, kcal: 4285

*Tipp:* Der Kuchen schmeckt sehr gut, wenn Sie den Guss mit je 250 ml (1/4 l) Weißwein und Apfelsaft zubereiten. Der Kuchen sollte frisch verzehrt werden.

# Aprikosen-Wähe mit Marzipanguss

*Für Gäste*

**Für den Belag:**
1 Dose Aprikosenhälften (480 g Abtropfgewicht)
2 EL abgezogene, gemahlene Mandeln

**Für den Quark-Öl-Teig:**
300 g Weizenmehl
1 Pck. Dr. Oetker Backin
150 g Magerquark
75 g Zucker
6 EL Milch
6 EL Speiseöl
1 Prise Salz

**Für den Guss:**
100 g Marzipan-Rohmasse
250 g Schmand (Sauerrahm, 24% Fett)
4 Eier (Größe M)
2 EL Speisestärke
1 Pck. Dr. Oetker Bourbon-Vanille-Aroma

**Zum Bestreuen:**
2 EL abgezogene, gehobelte Mandeln

**Zum Bestäuben und Garnieren:**
Etwas Puderzucker
Zitronenmelisse

Zubereitungszeit: **35 Minuten**
Backzeit: **etwa 30 Minuten**

1_ Für den Belag die Aprikosen auf einem Sieb abtropfen lassen. Den Backofen vorheizen.
Ober-/Unterhitze: etwa 200 °C, Heißluft: etwa 180 °C

2_ Für den Teig Mehl und Backpulver in eine Rührschüssel geben und mit einem Schneebesen verrühren. Quark, Zucker, Milch, Öl und Salz hinzufügen.

3_ Die Zutaten mit Handrührgerät mit Knethaken auf höchster Stufe in etwa 1 Minute verarbeiten. Anschließend auf der bemehlten Arbeitsfläche zu einer Rolle formen. Den Teig zu einer runden Platte (Ø 32 cm) ausrollen, in die Wähen- oder Tarteform (Ø 28 cm, gefettet) legen, leicht andrücken und überstehenden Rand abschneiden.

4_ Die gemahlenen Mandeln auf den Teigboden streuen. Aprikosenhälften darauf verteilen.

5_ Für den Guss Marzipan-Rohmasse klein schneiden und in eine Schüssel geben. Schmand, Eier, Speisestärke und Vanille-Aroma hinzufügen und pürieren. Marzipanguss auf den Aprikosen verteilen und mit gehobelten Mandeln bestreuen.

6_ Die Form auf dem Rost in den vorgeheizten Backofen schieben. Backzeit: etwa 30 Minuten.

7_ Die Form auf einen Kuchenrost stellen. Die Wähe lauwarm oder kalt servieren. Vorher mit Puderzucker bestäuben und mit Zitronenmelisse garnieren.

Insgesamt: E: 115 g, F: 221 g, Kh: 478 g, kJ: 18472, kcal: 4412

# Sahne-Himbeer-Schnitten

*Gut vorzubereiten*

**Für den Teig:**
1 Pck. (450 g) TK-Blätterteig
(10 quadratische Scheiben)

**Für die Glasur:**
100 g gesiebter Puderzucker
2 EL Zitronensaft
2 EL Wasser
50 g Halbbitter-Kuvertüre

**Für die Himbeer-Sahne:**
300 g frische Himbeeren
300 g Himbeerkonfitüre
500 g Schlagsahne
2 Pck. Dr. Oetker Sahnesteif
2 Pck. Dr. Oetker Vanillin-Zucker
2 EL Himbeergeist

Zubereitungszeit:
**30 Minuten, ohne Auftau-, Ruhe- und Kühlzeit**
Backzeit: **etwa 15 Minuten je Backblech**

1_ Blätterteigplatten nebeneinander nach Packungsanleitung auftauen lassen und auf 2 Backbleche (mit Backpapier belegt) legen. Teigplatten mit einer Gabel mehrfach einstechen. Platten 15 Minuten ruhen lassen. Inzwischen den Backofen vorheizen.
Ober-/Unterhitze: etwa 200 °C, Heißluft: etwa 180 °C

2_ Anschließend die Backbleche nacheinander (bei Heißluft zusammen) in den vorgeheizten Backofen schieben.
Backzeit: etwa 15 Minuten je Backblech.

3_ Die Blätterteigplatten mit dem Backpapier von den Backblechen auf einen Kuchenrost ziehen und erkalten lassen. Backpapier entfernen. Jede Blätterteigplatte vorsichtig mit einem Sägemesser waagerecht durchschneiden.

4_ Für die Glasur Puderzucker mit Zitronensaft und Wasser zu einer dickflüssigen Masse verrühren, in einen kleinen Gefrierbeutel füllen, eine kleine Spitze abschneiden und den Guss in Streifen auf die Oberfläche der oberen Gebäckteile spritzen. Kuvertüre grob hacken und in einem kleinen Topf im Wasserbad bei schwacher Hitze zu einer geschmeidigen Masse verrühren. Kuvertüre auf die Oberfläche sprenkeln.

5_ Für die Himbeer-Sahne Himbeeren verlesen, eventuell abspülen und trocken tupfen. Himbeerkonfitüre auf die unteren Gebäckteile streichen und Himbeeren darauf verteilen. Sahne mit Sahnesteif und Vanillin-Zucker steif schlagen und Himbeergeist unterschlagen. Die Sahne in einen Spritzbeutel mit Sterntülle füllen und auf die mit Himbeeren belegten Gebäckteile spritzen.
Die glasierten Gebäckteile darauf legen und sofort servieren.

Insgesamt: E: 46 g, F: 282 g, Kh: 541 g, kJ: 20876, kcal: 4985

*Variante:* Füllen Sie die Schnitten mit Brombeeren und bestreichen Sie die unteren Gebäckstücke mit Beerenkonfitüre.

*Tipp:* Die Blätterteigteile können bereits einige Tage vor dem Verzehr zubereitet und in einer gut schließenden Dose aufbewahrt werden. Sie brauchen dann nur noch gefüllt zu werden.

# Obstkuchen mit Orangen-Vanille-Creme

*Fruchtig – mit Alkohol*

**Für den Rührteig:**
125 g weiche Butter oder Margarine
125 g Zucker
1 Pck. Dr. Oetker Vanillin-Zucker
3 Tropfen Butter-Vanille-Aroma
3 Eier (Größe M)
125 g Weizenmehl
2 TL Dr. Oetker Backin

**Für die Vanillecreme:**
1 Becher (500 g) Vanille-Pudding (aus dem Kühlregal)
2 EL Orangenlikör

**Für den Belag:**
500 g vorbereitetes Obst, z. B. Erdbeeren, Johannisbeeren, Feigen, Äpfel

**Zum Bestäuben:**
Puderzucker

Zubereitungszeit: **35 Minuten, ohne Abkühlzeit**
Backzeit: **etwa 25 Minuten**

1_ Den Backofen vorheizen.
Ober-/Unterhitze: etwa 180 °C, Heißluft: etwa 160 °C

2_ Für den Teig Butter oder Margarine mit Handrührgerät mit Rührbesen auf höchster Stufe geschmeidig rühren. Nach und nach Zucker, Vanillin-Zucker und Aroma unterrühren. So lange rühren, bis eine gebundene Masse entstanden ist.

3_ Eier nach und nach unterrühren (jedes Ei etwa ½ Minute). Mehl mit Backpulver mischen und auf mittlerer Stufe kurz unterrühren.

4_ Den Teig in eine Obstbodenform (Ø 28 cm, gut gefettet) füllen und glatt streichen. Die Form auf dem Rost in den vorgeheizten Backofen schieben.
Backzeit: etwa 25 Minuten.

5_ Den Gebäckboden 10 Minuten in der Form auf einen Kuchenrost stellen, dann aus der Form lösen, auf einen mit Backpapier belegten Kuchenrost stürzen und erkalten lassen.

6_ Für die Vanillecreme Pudding mit Likör verrühren, auf dem Boden verteilen und mit dem vorbereiteten Obst belegen. Den Kuchen mit Puderzucker bestäuben.

Insgesamt: E: 53 g, F: 174 g, Kh: 353 g, kJ: 13620, kcal: 3252

*Tipp:* Wenn Kinder mitessen, ersetzen Sie den Likör durch Orangensaft.
Für die Vanillecreme können Sie den Vanille-Pudding auch selbst zubereiten. Dafür 1 Päckchen Pudding-Pulver Vanille-Geschmack mit 70 g Zucker und 250 g Schlagsahne verrühren. 250 ml (¼ l) Milch in einem Topf zum Kochen bringen, angerührtes Pudding-Pulver hinzufügen und unter Rühren gut aufkochen lassen. Pudding in eine Schüssel geben, sofort mit Frischhaltefolie zudecken und abkühlen lassen. Die Puddingmasse durch ein Sieb streichen und auf dem Gebäckboden verteilen.
Nach Belieben den Kuchen mit Puderzucker bestäuben.

# Knuspertorte mit Brombeeren

*Raffiniert – Titelrezept*

**Für den Tortenboden:**
200 g weiße Kuvertüre
25 g Kokosfett
2 Pck. (je 50 g) Eiswaffel-Herzen

**Für den Belag:**
350 g Brombeeren
8 Blatt weiße Gelatine
500 ml (½ l) Buttermilch Zitronen-Geschmack
100 g Zucker
450 g Schlagsahne

**Zum Garnieren:**
100 g Brombeeren
150 g Schlagsahne
einige Eiswaffel-Herzen

Zubereitungszeit: **40 Minuten, ohne Kühlzeit**

1_ Einen Bogen Backpapier auf den Boden einer Springform (Ø 26 cm) legen und mit dem Springformrand straff einspannen.

2_ Für den Tortenboden Kuvertüre grob hacken und mit dem Kokosfett im Wasserbad unter gelegentlichem Rühren schmelzen. Die Schüssel aus dem Wasserbad nehmen.

3_ Eiswaffel-Herzen in einen Gefrierbeutel geben, den Beutel verschließen und die Waffeln mit einer Teigrolle fein zerbröseln. Kuvertüre mit den Bröseln vermischen, in der Form verteilen und mit einem Löffel andrücken. Tortenboden in den Kühlschrank stellen.

4_ Für den Belag Brombeeren verlesen. Gelatine nach Packungsanleitung in kaltem Wasser einweichen. Buttermilch mit Zucker verrühren. Gelatine leicht ausdrücken und in einem kleinen Topf bei schwacher Hitze auflösen (nicht kochen). Nach und nach etwas Buttermilch unter die Gelatine rühren, dann die Gelatinemasse unter die restliche Buttermilch rühren. In den Kühlschrank stellen.

5_ Sobald die Masse beginnt dicklich zu werden, die Sahne steif schlagen und unterheben. Brombeeren unterheben und die Creme auf den Tortenboden streichen. Die Torte 2–3 Stunden in den Kühlschrank stellen.

6_ Die Torte mit einem Messer aus der Springform lösen, den Springformrand entfernen. Die Torte mit einer Palette oder einem Heber vom Backpapier auf eine Tortenplatte geben.

7_ Zum Garnieren Brombeeren verlesen, die Hälfte davon pürieren, durch ein Sieb passieren und in einen kleinen Gefrierbeutel füllen. Eine kleine Ecke davon abschneiden und das Brombeermus über die Torte sprenkeln. Sahne steif schlagen, mit einem Teelöffel am Rand wie Wölkchen auf die Torte setzen und mit Eiswaffel-Herzen und den restlichen Brombeeren garnieren.

Insgesamt: E: 64 g, F: 332 g, Kh: 338 g, kJ: 19573, kcal: 4677

*Tipps:* Die Buttermilch Zitronen-Geschmack kann auch durch Zitronenjoghurt oder Fruchtmolke ersetzt werden. Buttermilch, Joghurt und Fruchtmolke gibt es in unterschiedlichen Geschmacksrichtungen. Sie können auch mit anderen Beeren verwendet werden.

# Knusprige Heidelbeerschnitten

*Raffiniert*

**Für den Knusperboden:**
250 g Zartbitter-Kuvertüre
150 g Haferfleks (z. B. von Kölln)

**Für den Belag:**
600 g Heidelbeeren
10 Blatt weiße Gelatine
600 g saure Sahne
2–3 EL Zitronensaft
125 g Zucker
500 g Schlagsahne

**Zum Verzieren:**
200 g Heidelbeerkonfitüre oder rotes Johannisbeergelee
2–3 EL Johannisbeernektar

Zubereitungszeit: **40 Minuten, ohne Kühlzeit**

1_ Ein Backblech (30 x 40 cm) in den Ecken und in der Mitte einfetten und mit Backpapier belegen. Einen Backrahmen darauflegen und in Backblechgröße ausziehen.

2_ Für den Knusperboden die Kuvertüre grob hacken und im Wasserbad unter gelegentlichem Rühren schmelzen.

3_ Kuvertüre mit den Haferfleks gut verrühren, auf dem Backblech verteilen und mit einem Esslöffel andrücken. Knusperboden in den Kühlschrank stellen.

4_ Für den Belag Heidelbeeren verlesen, abspülen, abtropfen lassen und trocken tupfen. Gelatine in kaltem Wasser nach Packungsanleitung einweichen. Saure Sahne mit Zitronensaft und Zucker verrühren. Gelatine leicht ausdrücken und in einem kleinen Topf bei schwacher Hitze unter Rühren erwärmen (nicht kochen), bis sie völlig gelöst ist.

5_ Einige Löffel der Sahnemasse unter die Gelatine rühren, dann die Gelatinemasse verrühren, unter die restliche Sahnemasse rühren und in den Kühlschrank stellen.

6_ Sahne steif schlagen. Sobald die Gelatinemasse anfängt dicklich zu werden, Sahne und die Hälfte der Heidelbeeren unterheben. Sahnecreme auf den Knusperboden geben und glatt streichen. Restliche Heidelbeeren darauf verteilen. Kuchen in den Kühlschrank stellen.

7_ Den Backrahmen mit einem Messer lösen und entfernen. Zum Verzieren Konfitüre oder Gelee mit Nektar glatt rühren (evtl. durch ein Sieb streichen) und in einen Gefrierbeutel füllen. Eine kleine Spitze davon abschneiden und die Kuchenoberfläche schlierenartig damit verzieren. Kuchen in etwa 20 Schnitten schneiden.

Insgesamt: E: 78 g, F: 312 g, Kh: 573 g, kJ: 23072, kcal: 5520

# Pink-Grapefruit-Torte mit Amarettini

*Erfrischend*

**Für den Boden:**
125 g Mandelplätzchen
50 g Amarettini
(ital. Mandelmakronen)
125 g Butter

**Für die Creme:**
6 Blatt weiße Gelatine
2 Pink Grapefruits
200 g Heidelbeeren
500 g Vanillejoghurt
100 g Zucker
200 g Schlagsahne

**Zum Garnieren:**
einige Amarettini
Zitronenmelisse

Zubereitungszeit: **60 Minuten, ohne Kühlzeit**

1_ Für den Boden Mandelplätzchen und Amarettini in einen Gefrierbeutel geben, ihn verschließen und das Gebäck mit einer Teigrolle zerbröseln. Die Brösel in eine Schüssel geben. Butter zerlassen, zu den Bröseln geben und gut verrühren.

2_ Einen Springformrand (Ø 26 cm) auf eine mit Tortenspitze oder Backpapier belegte Tortenplatte stellen, die Masse gleichmäßig darin verteilen und mit einem Löffel gut andrücken. Den Boden in den Kühlschrank stellen.

3_ Für die Creme Gelatine nach Packungsanleitung einweichen. Grapefruits mit einem scharfen Messer so schälen, dass die weiße Haut mit entfernt wird und die Filets herausschneiden, dabei den Saft auffangen. Heidelbeeren verlesen, abspülen und trocken tupfen.

4_ Joghurt mit dem aufgefangenen Saft und Zucker in einer Schüssel verrühren. Gelatine leicht ausdrücken, in einem kleinen Topf bei schwacher Hitze auflösen (nicht kochen) und zunächst mit etwas von der Joghurtmasse verrühren, dann unter die restliche Joghurtmasse rühren. Sobald die Masse beginnt dicklich zu werden, Sahne steif schlagen und unterheben.

5_ Die Hälfte der Creme in die Springform füllen, mit den Grapefruitfilets (einige zum Garnieren beiseitestellen) und den Heidelbeeren belegen und die restliche Creme aufstreichen. Die Oberfläche mit Hilfe eines Teelöffels verzieren und die Torte 2–3 Stunden kalt stellen.

6_ Vor dem Servieren Springformrand lösen und entfernen. Die Torte mit den restlichen Grapefruitfilets, Amarettini und Zitronenmelisse garnieren.

Insgesamt: E: 53 g, F: 224 g, Kh: 344 g, kJ: 15276, kcal: 3643

*Tipp:* Die Torte schmeckt frisch am besten.
Sie können die Torte auch nur mit 500 g Pink Grapefruits ohne Heidelbeeren zubereiten.
Anstelle des Plätzchenbodens schmeckt auch ein gebackener Knetteigboden aus 125 g Weizenmehl, 50 g zerbröselten Amarettini, 50 g Zucker und 100 g Butter oder Margarine. Den Teig auf einem Springformboden (Ø 26 cm) ausrollen, mehrfach mit einer Gabel einstechen, den Springformrand darumstellen und den Boden bei etwa 200 °C (Ober-/Unterhitze) 12–15 Minuten backen.

# Weiße Zitronen-Flakes-Torte

*Für Gäste*

**Für den Tortenboden:**
200 g Vitalis Knusperflakes mit gerösteten Mandeln
150 g weiße Schokolade
75 g Butter

**Für den Belag:**
7 Blatt weiße Gelatine
200 g Schlagsahne
1 Pck. Quarkfein, Zitrone (Dessertpulver)
250 g Speisequark (20 % Fett)
300 g Vollmilchjoghurt (3,5 % Fett)
1 Pck. Dr. Oetker Finesse Geriebene Zitronenschale
50 g Zucker

**Zum Garnieren:**
1 Zitrone
etwas Zitronenmelisse

Zubereitungszeit: **45 Minuten, ohne Kühlzeit**

1_ Einen Bogen Backpapier auf den Boden einer Springform (Ø 26 cm) legen und mit dem Springformrand straff einspannen. Ein Schneidbrett mit Backpapier belegen.

2_ Für den Tortenboden Knusperflakes in einen großen Gefrierbeutel geben. Den Beutel verschließen und die Flakes mit einer Teigrolle zerbröseln.

3_ Schokolade grob zerkleinern. Butter in einem Topf zerlassen und von der Kochstelle nehmen. Schokoladenstücke unter Rühren in der Butter auflösen, anschließend die Flakes-Brösel unterrühren.

4_ Mit zwei Teelöffeln 12 haselnussgroße Portionen der Flakes-Masse auf das mit Backpapier belegte Brett setzen und kalt stellen. Restliche Flakes-Masse in der Form verteilen und mit einem Löffel andrücken. Tortenboden etwa 20 Minuten in den Kühlschrank stellen.

5_ Für den Belag Gelatine nach Packungsanleitung einweichen. Sahne steif schlagen. Dessertpulver mit Quark verrühren, dann Joghurt, Zitronenschale und Zucker unterrühren. Gelatine leicht ausdrücken und in einem kleinen Topf bei schwacher Hitze unter Rühren auflösen (nicht kochen).

6_ Etwa 4 Esslöffel der Creme mit einem Schneebesen nach und nach unter die aufgelöste Gelatine rühren. Dann die Gelatinemasse mit der übrigen Creme verrühren. Wenn die Creme beginnt dicklich zu werden, die Sahne vorsichtig unterheben. Die Creme in die Form füllen, wellenförmig verstreichen und 2–3 Stunden in den Kühlschrank stellen.

7_ Die Torte mit einem Messer aus der Springform lösen, den Springformrand entfernen. Die Torte mit einer Palette oder einem Heber vom Backpapier auf eine Tortenplatte geben.

8_ Zum Garnieren die Zitrone schälen, dabei die weiße Haut mitentfernen. Die Fruchtfilets herausschneiden und auf Küchenpapier abtropfen lassen. Die Torte mit Knusperhäufchen, Zitronenfilets und Zitronenmelisse garnieren.

Insgesamt: E: 74 g, F: 215 g, Kh: 416 g, kJ: 16792, kcal: 4004

# Himbeertorte mit Joghurtcreme

*Lässt sich gut vorbereiten*

**Für den Tortenboden:**
12 Zwiebäcke
200 g Nuss-Nougat

**Für die Creme:**
6 Blatt weiße Gelatine
300 g Vollmilchjoghurt (3,5 % Fett)
150 g saure Sahne
50 g Zucker
1 Pck. Dr. Oetker Vanillin-Zucker
1 Pck. Dr. Oetker Finesse Geriebene Zitronenschale
3–4 EL Zitronensaft
250 g Schlagsahne

**Für den Belag:**
500 g Himbeeren
2 Pck. Dr. Oetker Tortenguss, rot, ungezuckert
4 EL Zucker
200 ml roter oder schwarzer Johannisbeernektar
300 ml Wasser
40 g abgezogene, gehobelte Mandeln
125 g Schlagsahne

Zubereitungszeit: **40 Minuten, ohne Kühlzeit**

1_ Einen Bogen Backpapier auf den Boden einer Springform (Ø 26 cm) legen und mit dem Springformrand straff einspannen.

2_ Für den Tortenboden die Zwiebäcke in Stücke brechen und in einen Gefrierbeutel geben. Den Beutel verschließen, die Zwiebäcke mit einer Teigrolle fein zerbröseln und in eine Schüssel füllen.

3_ Nuss-Nougat in einer kleinen Schüssel im Wasserbad unter gelegentlichem Rühren geschmeidig rühren. Nougat und Zwiebackbrösel verrühren.

4_ Die Bröselmasse in der Form verteilen und mit einem Löffel gut andrücken. Den Boden in den Kühlschrank stellen und fest werden lassen.

5_ Für die Creme Gelatine nach Packungsanleitung in kaltem Wasser einweichen. Joghurt, saure Sahne, Zucker, Vanillin-Zucker, Zitronenschale und -saft verrühren. Die Gelatine leicht ausdrücken und in einem kleinen Topf bei schwacher Hitze auflösen (nicht kochen). 4 Esslöffel der Joghurtmasse unter die Gelatine rühren, dann die Gelatinemasse unter die restliche Joghurtmasse rühren. In den Kühlschrank stellen.

6_ Sobald die Masse anfängt zu gelieren, Sahne steif schlagen und unterheben. Die Creme auf dem Tortenboden verteilen und glatt streichen. Die Torte mindestens 2 Stunden in den Kühlschrank stellen.

7_ Für den Belag die Himbeeren verlesen und auf der Torte verteilen. Aus Tortenguss, Zucker, Nektar und Wasser nach Packungsanleitung einen Guss zubereiten und auf den Himbeeren verteilen. Die Torte kalt stellen, bis der Guss fest geworden ist.

8_ Mandeln in einer Pfanne ohne Fett hellbraun rösten, auf einen Teller geben und erkalten lassen. Die Torte mit einem Messer aus der Springform lösen, den Springformrand entfernen. Die Torte mit einer Palette oder einem Heber vom Backpapier auf eine Tortenplatte geben.

9_ Die Sahne steif schlagen. Den Tortenrand dünn mit Sahne bestreichen und mit Mandeln bestreuen.

Insgesamt: E: 63 g, F: 206 g, Kh: 386 g, kJ: 15831, kcal: 3780

# Winzerschnitten

*Fruchtig*

**Für den Bröselboden:**
100 g Zwiebäcke
80 g Butter
½ Pck. Dr. Oetker Bourbon-Vanille-Zucker

**Für die Creme:**
5 Blatt weiße Gelatine
250 g Mascarpone (italienischer Frischkäse)
250 g Vollmilchjoghurt (3,5 % Fett)
1 Pck. Dr. Oetker Finesse Geriebene Zitronenschale
100 g Zucker

**Für den Belag:**
170 g blaue Weintrauben
170 g grüne Weintrauben

**Für den Guss:**
1 Pck. Dr. Oetker Tortenguss, klar, ungezuckert
2 EL Zucker
250 ml (¼ l) Apfelsaft

Zubereitungszeit: **35 Minuten, ohne Kühlzeit**

1_ Eine Kastenform (25 x 11 cm) an einigen Punkten an den Seiten einfetten und so mit Backpapier auslegen, dass es an den Seiten übersteht.

2_ Für den Bröselboden Zwiebäcke in einen Gefrierbeutel geben, den Beutel verschließen, die Zwiebäcke mit einer Teigrolle fein zerbröseln und in eine Schüssel geben.

3_ Butter zerlassen, mit Vanille-Zucker zu den Zwieback-Bröseln geben und mischen. Die Bröselmasse in der Form verteilen und mit einem Esslöffel gut andrücken. Die Form in den Kühlschrank stellen, den Boden fest werden lassen.

4_ Für die Creme Gelatine nach Packungsanleitung einweichen. Mascarpone, Joghurt, Zitronenschale und Zucker cremig rühren. Gelatine ausdrücken und in einem kleinen Topf bei schwacher Hitze auflösen (nicht kochen). 4 Esslöffel der Creme unter die Gelatine rühren. Dann die Gelatinemasse unter die restliche Creme rühren.

5_ Die Creme auf den Bröselboden geben und glatt streichen. Die Creme mindestens 2 Stunden in den Kühlschrank stellen.

6_ Für den Belag Weintrauben heiß abspülen, trocken tupfen, halbieren und entkernen. Die Weintraubenhälften auf der Creme in der Form verteilen.

7_ Aus Tortenguss, Zucker und Apfelsaft nach Packungsanleitung einen Guss zubereiten und über die Trauben geben. Die Form in den Kühlschrank stellen, den Guss fest werden lassen.

8_ Den Kuchen mit Hilfe des Backpapiers aus der Form heben, das Backpapier entfernen, den Kuchen auf eine Servierplatte setzen und in Scheiben schneiden.

Insgesamt: E: 36 g, F: 184 g, Kh: 316 g, kJ: 13242, kcal: 3162

*Tipp:* Anstelle der Weintrauben können auch Erdbeeren, Himbeeren oder Brombeeren verwendet werden.

# Limetten-Eisschnitten

*Lässt sich gut vorbereiten*

**Für den Sirup:**
3 Bio-Limetten (unbehandelt)
100 ml Wasser
120 g Zucker

**Für das Eis:**
2 Blatt weiße Gelatine
250 g Keksröllchen (Flämische Röllchen)
2 Eiweiß (Größe M, sehr frisch)
300 g Schlagsahne

**Zum Garnieren:**
150 g Schlagsahne
1 EL Zucker
1 Bio-Limette (unbehandelt)
1–2 EL gemahlene Pistazienkerne

Zubereitungszeit: **40 Minuten, ohne Gefrier- und Antauzeit**

1_ Eine Kastenform (25 x 11 cm) an den Seiten und am Boden an mehreren Punkten leicht einfetten. Die Form mit Backpapier auslegen, das Papier an den Rändern überhängen lassen.

2_ Für den Sirup 2 Limetten heiß abspülen, trocken reiben und die Schale sehr dünn abschälen. Alle Limetten auspressen, 75 ml Saft abmessen. Wasser, abgemessenen Limettensaft, Limettenschale und Zucker in einem kleinen Topf aufkochen. Offen etwa 10 Minuten einkochen lassen.

3_ Die Gelatine nach Packungsanleitung einweichen. Den Boden der Form mit Keksröllchen auslegen. Restliche Keksröllchen mit einem Sägemesser in etwa 1 cm breite Stücke schneiden.

4_ Den Sirup durch ein Sieb gießen (ergibt 75 ml). Eiweiß mit Handrührgerät mit Rührbesen steif schlagen. Die Gelatine ausdrücken, in den heißen Sirup rühren und darin auflösen. Den heißen Sirup nach und nach mit den Rührbesen unter den Eischnee schlagen.

5_ Die Sahne steif schlagen. Sahne und Keksstücke unter den Eischnee heben. Die Sahnemasse in die Form füllen, glatt streichen und mit Backpapier bedecken. Die Form in das Gefrierfach stellen. Eismasse mindestens 5 Stunden gefrieren lassen.

6_ Das Eis etwa 30 Minuten vor dem Servieren aus dem Gefrierfach nehmen und in der Form etwas antauen lassen.

7_ Zum Garnieren die Sahne mit Zucker steif schlagen und in einen Spritzbeutel mit Lochtülle (Ø etwa 10 mm) füllen. Die Limette heiß abspülen, trocken tupfen, die Schale in dünnen Streifen abschälen und quer in feine Streifen schneiden.

8_ Das Eis auf eine Platte stürzen, das Backpapier entfernen. Das Eis mit Sahnetupfen und -streifen garnieren. Mit Pistazien und Limettenstreifen bestreuen. Das Eis mit einem Sägemesser in Scheiben schneiden.

Insgesamt: E: 49 g, F: 204 g, Kh: 309 g, kJ: 13942, kcal: 3333

*Tipp:* Die Limetten-Eisschnitten können einige Tage im Voraus zubereitet werden.

# Kirsch-Eistorte

*Für Gäste – mit Alkohol*

**Für den Tortenboden:**
175 g Waffelröllchen mit Schokolade
100 g Butter

**Für den Belag:**
3 Eier (Größe M, sehr frisch)
100 g Zucker
3 EL Kirschwasser oder Weinbrand
500 g Schlagsahne
1 Pck. Dr. Oetker Bourbon-Vanille-Zucker
250 g Sauerkirschen

**Zum Garnieren:**
3 EL Kirschkonfitüre

Zubereitungszeit: **45 Minuten, ohne Abkühl- und Gefrierzeit**

1_ Einen Bogen Backpapier auf den Boden einer Springform (Ø 26 cm) legen und mit dem Springformrand straff einspannen.

2_ Für den Tortenboden Waffelröllchen in einen Gefrierbeutel geben. Den Beutel fest verschließen. Die Waffeln mit einer Teigrolle zerbröseln und in eine Schüssel geben. Butter zerlassen, zu den Waffelbröseln geben und gut verrühren. Die Masse gleichmäßig in der Form verteilen und mit einem Löffel gut andrücken. Den Boden gefrieren lassen.

3_ Für den Belag Eier mit Zucker in einer Metallschüssel verrühren, die Masse im Wasserbad mit Handrührgerät mit Rührbesen auf mittlerer Stufe rühren, bis sie dick-schaumig ist.

4_ Die Schüssel aus dem Wasserbad nehmen. Die Masse erkalten lassen, dabei gelegentlich umrühren. Kirschwasser oder Weinbrand unterrühren. Sahne und Vanille-Zucker steif schlagen. Die Sahne unter die Creme heben.

5_ Kirschen abspülen, abtropfen lassen, entstielen und entsteinen, den Saft dabei auffangen. Den aufgefangenen Saft und die Kirschen unter die Hälfte der Sahnecreme heben. Die Creme kuppelförmig auf den Tortenboden geben, dabei rundherum einen etwa 2 cm breiten Rand frei lassen.

6_ Die restliche Sahnecreme vorsichtig esslöffelweise in die Springform auf die Kirschcreme und den frei gelassenen Rand geben und glatt streichen. Die Torte für mindestens 6 Stunden in das Gefrierfach stellen (am besten über Nacht).

7_ Die Torte 1–2 Stunden vor dem Servieren aus dem Gefrierfach nehmen. Den Springformrand lösen und entfernen. Die Torte vom Backpapier lösen und auf eine Tortenplatte setzen.

8_ Zum Garnieren die Konfitüre durch ein Sieb streichen und in einen Gefrierbeutel geben. Eine kleine Ecke des Beutels abschneiden. Die Torte mit der Konfitüre besprenkeln.

Insgesamt: E: 45 g, F: 312 g, Kh: 318 g, kJ: 18478, kcal: 4417

*Tipp:* Die entsteinten Kirschen können 1–2 Stunden vor der Zubereitung mit etwa 3 Esslöffeln Kirschwasser oder Weinbrand durchziehen.

# Fürst-Pückler-Eistorte

*Klassisch*

**Für den Tortenboden:**

1 Pck. (100 g) Blätterteig-Brezeln
50 g Zartbitter-Schokolade
(50 % Kakao)

**Für Belag:**

1 Pck. (750 ml) Vanille-Eiscreme
1 Pck. (750 ml) Schokoladen-Eiscreme
1 Pck. (750 ml) Erdbeer-Eiscreme

**Zum Garnieren und Verzieren:**

250 g Erdbeeren
50 g Zartbitter-Schokolade
(50 % Kakao)
1 TL Speiseöl
1–2 EL gemahlene Pistazienkerne
250 g Schlagsahne

Zubereitungszeit: **30 Minuten, ohne Gefrierzeit**

1_ Einen Bogen Backpapier auf den Boden einer Springform (Ø 26 cm) legen und mit dem Springformrand straff einspannen. Für den Tortenboden die Springform eng mit den Brezeln auslegen.

2_ Die Schokolade grob hacken und im Wasserbad unter gelegentlichem Rühren schmelzen. Schokolade in einen Gefrierbeutel füllen und eine Ecke abschneiden. Schokolade auf die Brezeln sprenkeln. Tortenboden gefrieren lassen.

3_ Für den Belag alle Eiscremesorten etwas antauen lassen. Jede Eiscremesorte in einer Schüssel cremig rühren und in einen Spritzbeutel mit großer Lochtülle (Ø etwa 10 mm) füllen.

4_ Für die erste Schicht Eiscreme, von außen nach innen, von jeder Eiscremesorte einen Ring auf den Tortenboden spritzen. Den Vorgang bis zur Tortenmitte wiederholen.

5_ Die zweite Schicht Eiscreme auf die gleiche Weise aufspritzen, dabei mit einer anderen Sorte beginnen. Den Vorgang wiederholen, bis die Eiscremes verbraucht sind. Die Torte mindestens 3 Stunden gefrieren lassen.

6_ Zum Garnieren die Erdbeeren abspülen, abtropfen lassen und trocken tupfen. Große Erdbeeren halbieren.

7_ Schokolade mit Speiseöl im Wasserbad wie unter Punkt 2 beschrieben schmelzen. Die Erdbeeren etwa bis zur Hälfte in die Schokolade tauchen, etwas abtropfen lassen, mit der Schokoseite in den Pistazien wälzen und auf Backpapier trocknen lassen.

8_ Den Springformrand mit einem Messer lösen und entfernen. Die Torte vom Backpapier lösen und auf eine Tortenplatte setzen. Die Sahne steif schlagen, in einen Spritzbeutel mit großer Lochtülle (Ø etwa 15 mm) füllen und, wie die Eiscremes, in Ringen auf die Torte spritzen. Die Erdbeeren auf der Torte verteilen.

Insgesamt: E: 61 g, F: 284 g, Kh: 408 g, kJ: 18623, kcal: 4453

*Tipps:* Um die Eiscreme-Ringe zügig spritzen zu können, verwenden Sie am besten Einmal-Spritztüten für jede Eiscreme-Sorte. Nach Belieben anstelle der Blätterteig-Brezeln Löffelbiskuits (nicht zerbröselt) für den Boden nehmen.

# Meringue-Torte mit Erdbeeren

*Schnell gemacht – mit Alkohol*

**Für die Füllung:**
750 g Erdbeeren
3–4 EL Kirschwasser
1–2 EL gesiebter Puderzucker
500 g Schlagsahne
1 Pck. Dr. Oetker Sahnesteif
2 Pck. Dr. Oetker Vanillin-Zucker

3 Baiserböden (Ø etwa 22 cm, vom Bäcker)

**Zum Verzieren:**
125 g Schlagsahne
1 Pck. Dr. Oetker Vanillin-Zucker

Zubereitungszeit: **30 Minuten, ohne Durchzieh- und Gefrierzeit**

1_ Für die Füllung Erdbeeren waschen, abtropfen lassen und entstielen. Zwei Drittel der Erdbeeren vierteln, mit Kirschwasser beträufeln, mit Puderzucker bestäuben und etwa 3 Stunden zugedeckt durchziehen lassen. Die restlichen Erdbeeren beiseitestellen.

2_ Sahne mit Sahnesteif und Vanillin-Zucker steif schlagen. Die marinierten Erdbeeren evtl. abtropfen lassen und unterheben.

3_ Einen der Baiserböden auf eine Tortenplatte legen und einen Tortenring darumstellen.

4_ Die Hälfte der Erdbeersahne auf den Boden streichen, mit dem zweiten Boden bedecken und etwas andrücken. Die restliche Erdbeersahne darauf verteilen und den dritten Boden darauf legen. Die Torte mindestens 5 Stunden gefrieren lassen.

5_ Etwa 30 Minuten vor dem Servieren Sahne mit Vanillin-Zucker steif schlagen, die Torte ganz mit der Sahne bestreichen und mit den restlichen Erdbeeren garnieren.

Insgesamt: E: 31 g, F: 197 g, Kh: 305 g, kJ: 14069, kcal: 3368

*Tipp:* Nach Belieben die Torte zusätzlich mit einigen Baisertupfen garnieren.

*Abwandlung:* Anstelle der Erdbeeren können auch Himbeeren verwendet werden. Dann nach Belieben das Kirschwasser gegen Himbeergeist austauschen.

# Gelati-Torte

*Für Gäste - mit Alkohol*

**Für die Füllung:**
750 ml Schokoladen-Eiscreme
mit Schokostückchen
100 g Amarenakirschen
500 g Schlagsahne
1 Pck. Dr. Oetker Sahnesteif
125 g Zucker
100 g Krokant
2 EL Amarenalikör

**Für den Boden:**
250 g Waffeltaler

**Zum Verzieren:**
125 g Schlagsahne
50 g Schokolade

Zubereitungszeit: **30 Minuten, ohne Gefrierzeit**

1_ Boden und Rand einer Springform (Ø 26 cm) mit Pergament- oder Backpapier auslegen und gut gefrieren lassen.

2_ Für die Füllung Schokoladen-Eiscreme antauen lassen und cremig rühren. Mit der Eismasse Boden und Rand der eiskalten Springform gleichmäßig ausstreichen. Wieder gefrieren lassen.

3_ Die Amarenakirschen grob hacken. Die Sahne mit Sahnesteif und Zucker steif schlagen. Kirschenstücke, Krokant und Amarenalikör unterheben. Die Sahnemasse in die Form füllen und glatt streichen.

4_ Für den Boden die Waffeltaler auf die Sahnemasse drücken. Die Torte einige Stunden gefrieren lassen.

5_ Die Torte aus der Form lösen, auf eine Tortenplatte stürzen und das Papier abziehen. Die Sahne steif schlagen, in einen Spritzbeutel mit Lochtülle füllen und Tupfen auf die Torte spritzen.

6_ Die Schokolade in einem kleinen Topf im Wasserbad bei schwacher Hitze zu einer geschmeidigen Masse verrühren und in ein Pergamentpapiertütchen füllen. Eine kleine Spitze abschneiden und die Sahnetupfen mit der Schokolade verzieren.

Insgesamt: E: 54 g, F: 318 g, Kh: 631 g, kJ: 24632, kcal: 5886

*Tipp:* Nach Belieben noch 2 Esslöffel gehackte Belegkirschen unter die Füllung heben.

# Knusper-Eistorte

*Raffiniert – mit Alkohol*

**Für den Tortenboden:**
120 g Waffeln ohne Füllung, z. B. Eiswaffelherzen
50 g weiche Butter

**Für den Belag:**
3 Eigelb (Größe M, sehr frisch)
60 g Zucker
1 Pck. Dr. Oetker Vanillin-Zucker
60 g Marzipan-Rohmasse
1 kleine Bio-Saftorange (unbehandelt)
1 EL Orangenlikör
300 g Schlagsahne
125 ml (1/8 l) Schoko-Eisglasur

einige Bio-Orangenscheiben (unbehandelt)

Zubereitungszeit: **30 Minuten, ohne Gefrierzeit**

1_ Einen Bogen Backpapier auf den Boden einer Springform (Ø 18 cm) legen und mit dem Springformrand straff einspannen. Für den Boden die Waffeln in einen Gefrierbeutel geben und den Beutel verschließen. Die Waffeln mit einer Teigrolle fein zerdrücken und in eine Schüssel geben.

2_ Die Waffelbrösel mit der Butter vermengen, in die Form füllen, mit einem Löffel andrücken und gefrieren lassen.

3_ Für den Belag Eigelb mit Zucker und Vanillin-Zucker schaumig rühren. Marzipan-Rohmasse auf einer groben Reibe raspeln, dazugeben und zu einer geschmeidigen Masse rühren.

4_ Die Orange heiß abspülen und trocken tupfen. Die Orangenschale dünn abreiben, die Orange auspressen. Orangenschale und 2 Esslöffel Orangensaft mit dem Orangenlikör zu der Eigelbcreme geben und unterrühren. Die Sahne steif schlagen und unterheben. Die Creme in einer flachen Schüssel etwa 1 ½ Stunden gefrieren lassen, bis das Eis streichfähig ist.

5_ Die erste Schicht Eis etwa 3 cm dick auf den Waffelboden streichen und darüber eine dünne Schicht Schokoladenglasur geben, so dass das Eis bedeckt ist. Die Schicht kurz gefrieren lassen.

6_ Dann die zweite Eisschicht einfüllen, mit Schokoladenglasur abdecken und wieder gefrieren lassen. So lange fortfahren, bis das Eis aufgebraucht ist. Die letzte Schicht sollte aus Eis bestehen. Die Torte mindestens 3 Stunden gefrieren lassen.

7_ Die Torte aus der Form lösen und mit Schokoladenglasur besprenkeln. Die Orangenscheiben in kleine Ecken schneiden und die Eistorte damit garnieren. Zum Servieren mit dem elektrischen Messer schneiden.

Insgesamt: E: 35 g, F: 270 g, Kh: 216 g, kJ: 14628, kcal: 3486

# Beeren-Pudding-Kuchen

*Fruchtig – für Kinder*

**Für den Hefeteig:**
180 ml Milch
50 g Butter oder Margarine
375 g Weizenmehl
1 Pck. Dr. Oetker Trockenbackhefe
50 g Zucker
1 Pck. Dr. Oetker Vanillin-Zucker
1 Prise Salz
1 Ei (Größe M)

**Für den Belag:**
2 Pck. Gala Pudding-Pulver Bourbon-Vanille
100 g Zucker
750 ml (3/4 l) Milch
250 g Speisequark (40 % Fett i. Tr.)
1 Pck. Dr. Oetker Finesse Geriebene Zitronenschale
500 g Beerenfrüchte (z. B. Himbeeren, rote Johannisbeeren, Brombeeren)
100 g abgezogene, gehobelte Mandeln
2 EL Zucker

Zubereitungszeit: **40 Minuten, ohne Teiggeh- und Abkühlzeit**
Backzeit: **etwa 20 Minuten**

1_ Für den Teig Milch leicht erwärmen und Butter oder Margarine darin zerlassen. Mehl in eine Rührschüssel geben und sorgfältig mit der Hefe vermischen. Übrige Zutaten und die warme Milch-Fett-Mischung hinzufügen und alles mit Handrührgerät mit Knethaken zunächst kurz auf niedrigster, dann auf höchster Stufe in etwa 5 Minuten zu einem glatten Teig verarbeiten.

2_ Den Teig zugedeckt an einem warmen Ort so lange gehen lassen, bis er sich sichtbar vergrößert hat. Teig dann leicht mit Mehl bestäuben und auf der Arbeitsfläche nochmals gut durchkneten. Den Teig in einer Fettpfanne (30 x 40 cm, gefettet) ausrollen.

3_ Für den Belag Pudding nach Packungsanleitung, aber nur mit 100 g Zucker und 750 ml (3/4l) Milch zubereiten. Anschließend Quark und Zitronenschale unterrühren und den Quarkpudding gleichmäßig auf dem Teig verstreichen. Beerenfrüchte verlesen, evtl. waschen, abtropfen lassen und mit Mandeln und Zucker auf dem Quarkpudding verteilen (einige Beeren zum Garnieren zurücklassen). Den Backofen vorheizen.
Ober-/Unterhitze: etwa 200 °C, Heißluft: etwa 180 °C

4_ Den Teig nochmals so lange gehen lassen, bis er sich sichtbar vergrößert hat. Die Fettpfanne in den vorgeheizten Backofen schieben.
Backzeit: etwa 20 Minuten.

5_ Den Kuchen mit der Fettpfanne auf einen Kuchenrost stellen und erkalten lassen. Die zurückgelassenen Beeren auf den Kuchen streuen und den Kuchen servieren.

Insgesamt: E: 134 g, F: 178 g, Kh: 600 g, kJ: 19143, kcal: 4567

*Tipp:* Nach Wunsch können Sie einen Zitronenguss aus 100 g Puderzucker und 2–3 Esslöffeln Zitronensaft anrühren. Guss in einen Gefrierbeutel füllen, eine kleine Ecke abschneiden und über den Kuchen sprenkeln (Foto).

# Kirsch-Sauerrahm-Kuchen

*Für Gäste – leicht*

**Zum Vorbereiten:**
750 g–1 kg frische, entsteinte Sauerkirschen (entspricht etwa 1–1,25 kg Kirschen mit Stein) oder 2 Gläser Sauerkirschen (Abtropfgewicht je 360 g)

**Für den Quark-Öl-Teig:**
350 g Weizenmehl
3 gestr. TL Dr. Oetker Backin
90 g Zucker
1 Pck. Dr. Oetker Vanillin-Zucker
1 geh. TL gemahlener Zimt
1 Prise Salz
175 g Magerquark
7 EL Magermilch
7 EL Sonnenblumenöl

**Für den Belag:**
2 Pck. Dr. Oetker Pudding-Pulver Vanille-Geschmack
90 g Zucker
750 ml Magermilch (0,3% Fett)
1 Becher (200 g) saure Sahne (10 % Fett)

Zubereitungszeit: **55 Minuten, ohne Abkühlzeit**
Backzeit: **etwa 45 Minuten**

1_ Zum Vorbereiten Sauerkirschen waschen, gut abtropfen lassen, entstielen und entsteinen oder Sauerkirschen aus dem Glas in einem Sieb gut abtropfen lassen. Den Backofen vorheizen.
Ober-/Unterhitze: etwa 200 °C, Heißluft: etwa 180 °C

2_ Für den Teig Mehl mit Backpulver in einer Rührschüssel mischen. Zucker, Vanillin-Zucker, Zimt, Salz, Quark, Milch und Sonnenblumenöl hinzufügen. Die Zutaten mit Handrührgerät mit Knethaken auf höchster Stufe in etwa 1 Minute zu einem Teig verarbeiten (nicht zu lange, Teig klebt sonst).

3_ Anschließend auf der bemehlten Arbeitsfläche zu einer Rolle formen. Die Teigrolle in einer Fettfangschale oder auf einem Backblech (30 x 40 cm, gefettet) ausrollen. Zwei Drittel der Kirschen darauf verteilen.

4_ Für den Belag aus Pudding-Pulver, Zucker und Milch nach Packungsanleitung (aber mit den hier angegebenen Zutaten) einen Pudding zubereiten. Pudding etwas abkühlen lassen und saure Sahne unterrühren. Den Pudding auf die Kirschen geben und glatt streichen. Die restlichen Kirschen darauf verteilen. Die Fettfangschale oder das Backblech in den vorgeheizten Backofen schieben.
Backzeit: etwa 45 Minuten.

5_ Die Fettfangschale oder das Backblech auf einen Kuchenrost stellen. Den Kuchen erkalten lassen und in Stücke schneiden.

Insgesamt: E: 104 g, F: 98 g, Kh: 658g, kJ: 16900, kcal: 4040

*Tipp:* Den Kuchen evtl. vor dem Backen mit Hagelzucker bestreuen. Sauerrahm ist eine andere Bezeichnung für saure Sahne.

# Obstgarten

*Fruchtig*

**Für den Rührteig:**
200 g Butter oder Margarine
200 g Zucker
1 Pck. Dr. Oetker Vanillin-Zucker
4 Eier (Größe M)
200 g Weizenmehl
2 gestr. TL Dr. Oetker Backin

**Für den Belag:**
3 Blatt weiße Gelatine
1 Pck. Dr. Oetker Pudding-Pulver Vanille-Geschmack
50 g Zucker
500 ml (½ l) Milch
250 g Crème fraîche
750 g–1 kg Obst (gemischtes Beerenobst oder Pfirsiche, Kiwis, Bananen und dunkle Trauben)

**Für den Guss:**
2 Pck. Tortenguss, klar
500 ml (½ l) Apfelsaft

Zubereitungszeit: **50 Minuten, ohne Kühlzeit**
Backzeit: **etwa 20 Minuten**

1_ Den Backofen vorheizen.
Ober-/Unterhitze: etwa 180 °C, Heißluft: etwa 160 °C

2_ Für den Teig Butter oder Margarine mit Handrührgerät mit Rührbesen auf höchster Stufe geschmeidig rühren. Nach und nach Zucker und Vanillin-Zucker dazugeben. So lange rühren, bis eine gebundene Masse entstanden ist.

3_ Eier nach und nach unterrühren (jedes Ei etwa ½ Minute). Mehl mit Backpulver mischen, sieben und portionsweise auf mittlerer Stufe unterrühren. Einen Backrahmen (30 x 40 cm) auf ein Backblech (gefettet, mit Backpapier belegt) stellen und den Teig darin verstreichen. Das Backblech in den Backofen schieben.
Backzeit: etwa 20 Minuten.

4_ Das Backblech auf einen Kuchenrost stellen und den Boden mit dem Backrahmen darauf erkalten lassen.

5_ Für den Belag Gelatine nach Packungsanleitung einweichen. Aus Pudding-Pulver, Zucker und Milch nach Packungsanleitung einen Pudding zubereiten. Gelatine leicht ausdrücken und im heißen Pudding unter Rühren auflösen. Crème fraîche unterrühren, den Pudding auf dem Boden verstreichen und erkalten lassen.

6_ Obst entsprechend in Stücke, Scheiben oder Spalten schneiden und gleichmäßig auf dem Pudding verteilen. Den Guss aus Tortengusspulver und Flüssigkeit nach Packungsanleitung, aber ohne Zucker zubereiten und auf dem Obst verteilen. Den Guss fest werden lassen. Vor dem Servieren den Backrahmen vorsichtig lösen und entfernen.

Insgesamt: E: 91 g, F: 314 g, Kh: 624 g, kJ: 24000, kcal: 5740

# Blätterteig-Erdbeer-Schnitten

*Raffiniert – mit Alkohol*

1 Pck. (450 g) TK-Blätterteig

**Für die Füllung:**
500 g Erdbeeren
1 Pck. Dr. Oetker Finesse Bourbon-Vanille-Aroma
100 g Zucker
8 Blatt weiße Gelatine
300 g Naturjoghurt
250 g Schlagsahne

**Für den Guss:**
100 g gesiebter Puderzucker
2 EL Zitronensaft

Zubereitungszeit:
**40 Minuten, ohne Auftau-, Ruhe- und Kühlzeit**
Backzeit: **etwa 15 Minuten**

1_ Für den Teig Blätterteigplatten nebeneinander zugedeckt nach Packungsanleitung auftauen lassen.

2_ Teigplatten aufeinanderlegen und auf der bemehlten Arbeitsfläche zu einem Rechteck (etwa 25 x 40 cm) ausrollen. Teigplatte so halbieren, dass 2 Platten von etwa 20 x 25 cm entstehen. Die Teigplatten auf ein Backblech (gefettet, mit Wasser besprenkelt) legen. Teig mehrmals mit einer Gabel einstechen und etwa 15 Minuten ruhen lassen. Inzwischen den Backofen vorheizen. Ober-/Unterhitze: etwa 200 °C, Heißluft: etwa 180 °C

3_ Das Backblech in den vorgeheizten Backofen schieben. Backzeit: etwa 15 Minuten.

4_ Das heiße Gebäck sofort vom Backblech lösen und auf einem Kuchenrost erkalten lassen.

5_ Für die Füllung Erdbeeren putzen, waschen, abtropfen lassen und entstielen. Die Hälfte der Erdbeeren in einen hohen Rührbecher geben und mit einem Mixstab pürieren. Die restlichen Erdbeeren halbieren oder vierteln. Erdbeerpüree mit Aroma und Zucker verrühren.

6_ Gelatine nach Packungsanleitung einweichen. Joghurt in eine Schüssel geben. Gelatine leicht ausdrücken und in einem kleinen Topf unter Rühren erwärmen (nicht kochen), bis sie völlig gelöst ist. Gelatine zuerst mit 2–3 Esslöffeln Joghurt verrühren, dann mit dem restlichen Joghurt verrühren. Erdbeerpüree (2 Esslöffel davon beiseitestellen) unterrühren. Joghurtmasse in den Kühlschrank stellen.

7_ Sahne steif schlagen. Wenn die Joghurtmasse anfängt dicklich zu werden, Sahne vorsichtig unterrühren. Erdbeerstücke vorsichtig unterheben. Die Creme so lange in den Kühlschrank stellen, bis sie fast schnittfest ist.

8_ Die Creme auf eine Gebäckplatte geben und glatt streichen. Die zweite Gebäckplatte darauf legen und leicht andrücken.

9_ Für den Guss Puderzucker mit Zitronensaft zu einer dickflüssigen Masse verrühren. Die Gebäckoberfläche damit bestreichen. Beiseitegestelltes Erdbeerpüree darauf verteilen und mit Hilfe eines Holzstäbchens marmorieren. Gebäck in den Kühlschrank stellen. Vor dem Servieren in schmale Streifen schneiden.

Insgesamt: E: 56 g, F: 194 g, Kh: 413 g, kJ: 15576, kcal: 3724

# Fruchtige Saure-Sahne-Schnitten

*Für Kinder*

**Für den Schüttelteig:**
300 g Weizenmehl
3 gestr. TL Dr. Oetker Backin
200 g Zucker
1 Pck. Dr. Oetker Vanillin-Zucker
1 Pck. Dr. Oetker Finesse Geriebene Zitronenschale
4 Eier (Größe M)
150 ml Speiseöl (z. B. Rapsöl)
150 ml Mineralwasser

**Für die Saure-Sahne-Creme:**
6 Blatt weiße Gelatine
450 g saure Sahne
50 g Zucker
500 g Schlagsahne

**Für den Belag:**
1 kg vorbereitetes Beerenobst (Himbeeren, Brombeeren, Heidelbeeren und rote Johannisbeeren)
einige Minzeblätter
2 Pck. Tortenguss, klar
2 EL Zucker
500 ml (½ l) Flüssigkeit (Apfelsaft und/oder Wein)

Zubereitungszeit: **35 Minuten, ohne Abkühl- und Kühlzeit**
Backzeit: **etwa 20 Minuten**

1_ Den Backofen vorheizen.
Ober-/Unterhitze: etwa 180 °C, Heißluft: etwa 160 °C

2_ Für den Teig Mehl mit Backpulver in eine verschließbare Schüssel (etwa 3 l) geben und mit Zucker, Vanillin-Zucker und Zitronenschale mischen. Eier, Öl und Mineralwasser hinzufügen und die Schüssel mit dem Deckel fest verschließen. Schüssel mehrmals kräftig schütteln (insgesamt 15–30 Sekunden), so dass alle Zutaten gut vermischt sind.

3_ Alles mit einem Schneebesen oder Rührlöffel nochmals sorgfältig durchrühren, damit trockene Zutaten vom Rand mit untergerührt werden. Teig auf ein Backblech (30 x 40 cm, gefettet, bemehlt) geben und verstreichen. Das Backblech in den vorgeheizten Backofen schieben.
Backzeit: etwa 20 Minuten.

4_ Gebäck auf dem Backblech auf einem Kuchenrost erkalten lassen und anschließend einen Backrahmen darumstellen.

5_ Für die Saure-Sahne-Creme Gelatine nach Packungsanleitung einweichen. Saure Sahne mit Zucker verrühren. Gelatine in einem Topf bei schwacher Hitze auflösen, mit etwas von der Saure-Sahne-Masse verrühren, die Mischung unter die restliche Saure-Sahne-Masse rühren und in den Kühlschrank stellen. Sobald die Masse beginnt dicklich zu werden, Sahne steif schlagen und unterheben. Creme auf das erkaltete Gebäck streichen und den Kuchen etwa 2 Stunden in den Kühlschrank stellen.

6_ Für den Belag vorbereitetes Obst auf dem Kuchen verteilen und einige Minzeblätter darauflegen. Aus Tortenguss, Zucker und Flüssigkeit nach Packungsanleitung einen Guss zubereiten, auf den Früchten verteilen und fest werden lassen.

Insgesamt: E: 99 g, F: 386 g, Kh: 702 g, kJ: 28779, kcal: 6883

*Tipp:* Anstelle des Beerenobstes können auch verschiedene Melonenarten oder grüne Früchte (Kiwis, Stachelbeeren, Weintrauben) verwendet werden. Den Kuchen maximal 1 Tag vor dem Verzehr zubereiten.

# Zebrarolle mit Erdbeeren

*Für Gäste – raffiniert*

**Für den Biskuitteig:**
3 Eier (Größe M)
1 Eigelb (Größe M)
150 g Zucker
1 Pck. Dr. Oetker Vanillin-Zucker
100 g Weizenmehl
25 g Speisestärke
1 gestr. TL Dr. Oetker Backin

20 g Kakaopulver
1 EL Wasser

**Für die Füllung:**
250 g Erdbeeren
200 g Erdbeerjoghurt
600 g Schlagsahne
50 g Zucker
2 Pck. Dr. Oetker Sahnesteif

**Zum Garnieren:**
einige vorbereitete Erdbeeren
Zitronenmelisse

Zubereitungszeit: **40 Minuten, ohne Abkühl- und Kühlzeit**
Backzeit: **8–10 Minuten**

1_ Den Backofen vorheizen.
Ober-/Unterhitze: etwa 220 °C, Heißluft: etwa 200 °C

2_ Für den Teig Eier und Eigelb in eine Rührschüssel geben und mit Handrührgerät mit Rührbesen auf höchster Stufe in 1 Minute schaumig schlagen. Zucker und Vanillin-Zucker mischen, in 1 Minute einstreuen und noch etwa 2 Minuten weiterschlagen. Mehl mit Speisestärke und Backpulver mischen, auf die Eiercreme geben und auf mittlerer Stufe kurz unterrühren.

3_ Gut zwei Drittel des Teiges auf ein Backblech (30 x 40 cm, gefettet, mit Backpapier belegt) geben und verstreichen. Unter den restlichen Teig kurz gesiebtes Kakaopulver und Wasser rühren, in einen Gefrierbeutel geben, eine nicht zu kleine Ecke abschneiden und diagonale Streifen auf den hellen Teig spritzen. Das Backblech in den vorgeheizten Backofen schieben.
Backzeit: 8–10 Minuten.

4_ Biskuitplatte sofort nach dem Backen auf ein mit Zucker bestreutes Backpapier stürzen und mit dem Backpapier erkalten lassen.

5_ Für die Füllung Erdbeeren waschen, abtropfen lassen, putzen und in Stücke schneiden. Mitgebackenes Backpapier von der Biskuitplatte abziehen und Erdbeerjoghurt darauf verstreichen. Sahne mit Zucker und Sahnesteif steif schlagen, etwas davon zum Garnieren in einen Spritzbeutel geben und kalt stellen. Erdbeerstücke unter die restliche Sahne heben und die Creme auf der Biskuitplatte verstreichen. Die Biskuitplatte von der längeren Seite aus aufrollen. Die Rolle mindestens 2 Stunden in den Kühlschrank stellen.

6_ Kurz vor dem Servieren die Rolle mit der Sahne aus dem Spritzbeutel verzieren, mit Erdbeeren und Zitronenmelisse garnieren.

Insgesamt: E: 63 g, F: 227 g, Kh: 396 g, kJ: 16283, kcal: 3888

*Tipp:* Die Rolle schmeckt auch mit Himbeeren oder Brombeeren, dann sollten Sie allerdings auch die entsprechende Joghurtsorte verwenden. Sie kann am Vortag zubereitet werden.

# Joghurtschnitten

*Erfrischend – mit Alkohol*

**Für den Biskuitteig:**

4 Eier (Größe M)
150 g Zucker
1 Pck. Dr. Oetker Vanillin-Zucker
150 g Weizenmehl
1 gestr. TL Dr. Oetker Backin

**Für den Belag:**

500 g frisches Obst, z. B. Weintrauben, Erdbeeren und Aprikosen
8 Blatt weiße Gelatine
500 g Naturjoghurt
150–200 g Puderzucker (je nach Süße der Früchte)
1 Pck. Dr. Oetker Vanillin-Zucker
Saft von 1 großen Zitrone
2 EL Rum
400 g Schlagsahne

**Zum Bestreichen:**

4 EL Aprikosenkonfitüre

Zubereitungszeit: **40 Minuten, ohne Kühlzeit**
Backzeit: **10–12 Minuten**

1_ Den Backofen vorheizen.
Ober-/Unterhitze: etwa 200 °C, Heißluft: etwa 180 °C

2_ Für den Teig Eier mit Handrührgerät mit Rührbesen auf höchster Stufe in 1 Minute schaumig schlagen. Zucker und Vanillin-Zucker mischen, in 1 Minute einstreuen, dann noch etwa 2 Minuten weiterschlagen.

3_ Mehl mit Backpulver mischen, die Hälfte davon auf die Eiercreme geben und kurz auf niedrigster Stufe unterrühren. Den Rest des Mehlgemisches auf die gleiche Art unterarbeiten. Den Teig auf ein Backblech (30 x 40 cm, Boden gefettet) streichen und das Backblech in den vorgeheizten Backofen schieben.
Backzeit: 10–12 Minuten.

4_ Das Backblech auf einen Kuchenrost stellen und den Boden darauf erkalten lassen.

5_ Für den Belag Obst waschen, abtropfen lassen, entstielen, evtl. entkernen oder entsteinen und klein schneiden. Gelatine nach Packungsanleitung einweichen. Joghurt mit gesiebtem Puderzucker, Vanillin-Zucker, Zitronensaft und Rum verrühren.

6_ Gelatine leicht ausdrücken und auflösen. Erst etwa 4 Esslöffel von der Joghurtmasse mit der aufgelösten Gelatine verrühren, dann mit der restlichen Masse verrühren. Sahne steif schlagen. Wenn die Masse beginnt dicklich zu werden, Sahne und Obststücke unterheben.

7_ Zum Bestreichen Konfitüre glatt rühren. Den erkalteten Biskuitboden mit der Konfitüre bestreichen und einen Backrahmen darumstellen. Die Joghurtfruchtcreme auf dem Boden verteilen, glatt streichen und etwa 2 Stunden in den Kühlschrank stellen.

8_ Vor dem Servieren den Backrahmen mit einem Messer vorsichtig lösen und entfernen. Den Kuchen in Schnitten teilen.

Insgesamt: E: 90 g, F: 181 g, Kh: 566 g, kJ: 18251, kcal: 4356

# Beeren-Schmand-Kuchen

*Für Gäste*

**Für den Streuselteig:**
500 g Weizenmehl
200 g Zucker
1 Pck. Dr. Oetker Vanillin-Zucker
1 gestr. TL gemahlener Zimt
1 Prise Salz
1 Ei (Größe M)
250 g Butter oder Margarine

**Für den Guss:**
500 g Schmand (Sauerrahm)
3 Eier (Größe M)
70 g Zucker
1 Pck. Dr. Oetker Finesse Geriebene Zitronenschale

**Für den Belag:**
450 g gemischte, frische Beerenfrüchte (z. B. rote Johannisbeeren, Heidelbeeren, Brombeeren oder TK-Beerenfrüchte)

**Zum Bestäuben:**
evtl. 4 EL Puderzucker

Zubereitungszeit: **45 Minuten, ohne Abkühlzeit**
Backzeit: **etwa 40 Minuten**

1_ Den Backofen vorheizen.
Ober-/Unterhitze: etwa 180 °C, Heißluft: etwa 160 °C

2_ Für den Teig Mehl in eine Schüssel geben und mit Zucker, Vanillin-Zucker, Zimt und Salz mischen. Ei und Butter oder Margarine hinzufügen und alles mit Handrührgerät mit Rührbesen zunächst kurz auf niedrigster, dann auf höchster Stufe zu Streuseln verarbeiten.

3_ Zwei Drittel der Teigstreusel auf einem Backblech (30 x 40 cm, gefettet) verteilen und zu einem Boden andrücken. Das Backblech in den vorgeheizten Backofen schieben.
Backzeit: etwa 15 Minuten.

4_ Das Backblech auf einen Kuchenrost stellen und den Boden darauf abkühlen lassen.

5_ Für den Guss Schmand mit Eiern, Zucker und Zitronenschale verrühren. Den Schmandguss auf den abgekühlten Streuselboden streichen.

6_ Für den Belag Beerenfrüchte verlesen, evtl. abspülen, abtropfen lassen und evtl. entstielen. Beerenfrüchte (TK-Früchte gefroren) auf dem Schmandguss verteilen und die restlichen Teigstreusel darüberstreuen. Den Kuchen wieder in den heißen Backofen schieben und den Kuchen **bei gleicher Backtemperatur in etwa 25 Minuten fertig backen.**

7_ Das Backblech auf einen Kuchenrost stellen. Den Kuchen darauf erkalten lassen und evtl. mit Puderzucker bestäuben.

Insgesamt: E: 82 g, F: 368 g, Kh: 695 g, kJ: 27233, kcal: 6440

*Tipp:* Der Kuchen lässt sich sehr gut einfrieren. Dann den Kuchen aufgetaut im vorgeheizten Backofen bei etwa 160 °C (Ober-/Unterhitze) oder etwa 140 °C (Heißluft) in etwa 5 Minuten aufbacken.

# Schmand-Kirsch-Kuchen

*Raffiniert*

**Für den Rührteig:**
250 g Butter oder Margarine
200 g Zucker
4 Eier (Größe M)
250 g Weizenmehl
3 TL Dr. Oetker Backin

**Für den Belag:**
2 Gläser Sauerkirschen (Abtropfgewicht je 370 g)
750 ml (¾ l) Milch
2 Pck. Dr. Oetker Pudding-Pulver Vanille-Geschmack
100 g Zucker
3 Becher (je 200 g) Schmand oder Crème fraîche

**Für den Guss:**
2 Pck. Tortenguss, rot
20 g Zucker
500 ml (½ l) Sauerkirschsaft (aus den Gläsern)

Zubereitungszeit: **40 Minuten, ohne Abkühlzeit**
Backzeit: **etwa 55 Minuten**

1_ Den Backofen vorheizen.
Ober-/Unterhitze: etwa 180 °C, Heißluft: etwa 160 °C

2_ Für den Teig Butter oder Margarine mit Handrührgerät mit Rührbesen auf höchster Stufe geschmeidig rühren. Nach und nach Zucker unter Rühren hinzufügen. So lange rühren, bis eine gebundene Masse entstanden ist.

3_ Eier nach und nach unterrühren (jedes Ei etwa ½ Minute). Mehl mit Backpulver mischen und in 2 Portionen auf mittlerer Stufe unterrühren. Den Teig auf ein Backblech (30 x 40 cm, gefettet) geben und glatt streichen. Das Backblech in den vorgeheizten Backofen schieben und den Boden vorbacken.
Backzeit: etwa 30 Minuten.

4_ Das Backblech auf einen Kuchenrost stellen. Den Gebäckboden etwas abkühlen lassen.

5_ Für den Belag Sauerkirschen auf einem Sieb abtropfen lassen, den Saft auffangen und 500 ml (½ l) abmessen. Einen Backrahmen um den vorgebackenen Boden stellen. Die Sauerkirschen auf dem Boden verteilen.

6_ Einen Pudding aus Milch, Pudding-Pulver und Zucker nach Packungsanleitung, aber mit den hier angegebenen Zutaten zubereiten. Schmand oder Crème fraîche unter den heißen Pudding rühren.

7_ Die Pudding-Schmand-Masse auf die Sauerkirschen geben und glatt streichen. Das Backblech wieder in den Backofen schieben und den Kuchen **bei gleicher Backofeneinstellung weitere etwa 25 Minuten backen.** Dann den Backofen ausschalten. Den Kuchen noch etwa 10 Minuten im ausgeschalteten Backofen stehen lassen.

8_ Das Backblech auf einen Kuchenrost stellen und den Kuchen erkalten lassen.

9_ Für den Guss aus Tortengusspulver, Zucker und Sauerkirschsaft nach Packungsanleitung einen Guss zubereiten. Den Guss vorsichtig auf der Puddingmasse verteilen. Guss fest werden lassen. Den Backrahmen vorsichtig lösen und entfernen.

Insgesamt: E: 93 g, F: 432 g, Kh: 840 g, kJ: 32688, kcal: 7776

# Himbeer-Joghurt-Schnitten

*Fruchtig*

**Für den Biskuitteig:**
50 g Butter
3 Eier (Größe M)
100 g Zucker
1 Pck. Dr. Oetker Vanillin-Zucker
100 g Weizenmehl
1 Msp. Dr. Oetker Backin

**Zum Bestreichen:**
100 g Zartbitter-Kuvertüre

**Für die Füllung:**
4 Blatt weiße Gelatine
6 Becher (je 150 g) Götterspeise Himbeer-Geschmack (aus dem Kühlregal)
500 g Joghurt
50 g Zucker
400 g Schlagsahne
200 g Himbeeren

**Zum Garnieren:**
200 g Schlagsahne
1 Pck. Dr. Oetker Sahnesteif
1 Becher (150 g) Götterspeise Himbeer-Geschmack (aus dem Kühlregal)
100 g Himbeeren

Zubereitungszeit: **40 Minuten, ohne Abkühl- und Kühlzeit**
Backzeit: **15–20 Minuten**

1_ Für den Teig Butter zerlassen und abkühlen lassen. Den Backofen vorheizen.
Ober-/Unterhitze: etwa 180 °C, Heißluft: etwa 160 °C

2_ Eier mit Handrührgerät mit Rührbesen auf höchster Stufe in 1 Minute schaumig schlagen. Zucker mit Vanillin-Zucker mischen, in 1 Minute unter Rühren einstreuen, dann noch etwa 2 Minuten weiterschlagen. Mehl mit Backpulver mischen, auf die Eiercreme geben und kurz auf niedrigster Stufe unterrühren. Butter kurz unterrühren.

3_ Einen Backrahmen (etwa 25 x 25 cm) auf ein Backblech (gefettet, mit Backpapier belegt) stellen. Den Teig in den Backrahmen füllen und verstreichen. Das Backblech in den vorgeheizten Backofen schieben.
Backzeit: 15–20 Minuten.

4_ Den Biskuit vorsichtig vom Backrahmen lösen und den Backrahmen entfernen. Biskuit auf ein mit Zucker bestreutes Backpapier stürzen und erkalten lassen. Kuvertüre in einem kleinen Topf im Wasserbad bei schwacher Hitze unter Rühren schmelzen lassen. Den Gebäckboden damit bestreichen und die Kuvertüre fest werden lassen. Dann den Boden umdrehen, so dass die Schokoseite unten liegt. Den gesäuberten Backrahmen darumstellen.

5_ Für die Füllung Gelatine nach Packungsanleitung einweichen. 5 Becher von der Götterspeise in einen Topf geben und langsam erwärmen. Götterspeise aus dem sechsten Becher stürzen und in Würfel schneiden. Gelatine ausdrücken und mit der Götterspeise im Topf unter Rühren auflösen. Die Masse abkühlen lassen. Joghurt und Zucker unterrühren und die Masse in den Kühlschrank stellen.

6_ Wenn die Masse beginnt dicklich zu werden, Sahne steif schlagen und mit der gewürfelten Götterspeise und verlesenen Himbeeren unterheben. Die Masse auf den Gebäckboden füllen.

7_ Zum Garnieren Sahne mit Sahnesteif steif schlagen. Sahne in einen Spritzbeutel mit kleiner Sterntülle füllen. Sahne als kleine Tupfer tief in die Creme spritzen. Den Kuchen mit gewürfelter Götterspeise und verlesenen Himbeeren bestreuen und etwa 2 Stunden in den Kühlschrank stellen.

8_ Vor dem Servieren den Backrahmen mit einem Messer lösen und entfernen. Die Torte in Quadrate schneiden.

Insgesamt: E: 751 g, F: 301 g, Kh: 465 g, kJ: 33923, kcal: 8111

# Erdbeer-Quark-Schnitten

*Leichter Genuss*

**Für den All-in-Teig:**

200 g Weizenmehl
50 g Speisestärke
1 Pck. Dr. Oetker Backin
250 g Zucker
1 Pck. Dr. Oetker Vanillin-Zucker
6 Eier (Größe M)
125 g weiche Butter oder Margarine
100 g abgezogene, gemahlene Mandeln

**Zum Bestreichen:**

200 g Zartbitter-Schokolade

**Für den Erdbeerbelag:**

1 kg Erdbeeren
500 g Schlagsahne
1 Pck. Tortencreme Erdbeer-Sahne (Cremepulver)
200 ml Wasser
2 EL Amaretto (Mandellikör)
250 g Magerquark
100 g Erdbeer-Schokoriegel
Zitronenmelisseblättchen

Zubereitungszeit: **50 Minuten, ohne Abkühl- und Kühlzeit**
Backzeit: **etwa 25 Minuten**

1_ Den Backofen vorheizen.
Ober-/Unterhitze: etwa 180 °C, Heißluft: etwa 160 °C

2_ Für den Teig Mehl mit Speisestärke und Backpulver in einer Rührschüssel mischen. Zucker, Vanillin-Zucker, Eier, Butter oder Margarine dazugeben und mit Handrührgerät mit Rührbesen zunächst kurz auf niedrigster, dann auf höchster Stufe in etwa 2 Minuten zu einem Teig verarbeiten. Die Mandeln kurz unterrühren.

3_ Einen Backrahmen auf ein Backblech (30 x 40 cm, gefettet) stellen, den Teig auf dem Backblech verteilen und verstreichen. Das Backblech in den vorgeheizten Backofen schieben.
Backzeit: etwa 25 Minuten.

4_ Das Backblech auf einem Kuchenrost erkalten lassen.

5_ Zum Bestreichen Schokolade in einem kleinen Topf im Wasserbad bei schwacher Hitze unter Rühren schmelzen lassen.
Den Boden damit bestreichen und fest werden lassen.

6_ Für den Erdbeerbelag Erdbeeren waschen, abtropfen lassen und putzen. Drei Viertel der Erdbeeren in kleine Würfel schneiden, den Rest zum Garnieren halbieren oder vierteln. Sahne steif schlagen.

7_ Cremepulver in eine Rührschüssel geben und mit Wasser und Amaretto mit dem Schneebesen etwa ½ Minute verrühren. Quark unterrühren und die steif geschlagene Sahne unterheben. Zuletzt die gewürfelten Erdbeeren unterheben. Die Masse sofort auf den Boden geben und glatt streichen. Kuchen 2–3 Stunden in den Kühlschrank stellen.

8_ Die halbierten oder geviertelten Erdbeeren dekorativ auf der Creme verteilen. Schokoladenriegel in schräge Stücke schneiden und mit auf die Schnitten legen. Die Schnitten mit Zitronenmelisse garnieren.

Insgesamt: E: 162 g, F: 465 g, Kh: 801 g, kJ: 34361, kcal: 8203

# Obstkuchen mit Pudding-Wein-Creme

*Mit Alkohol*

**Für den All-in-Teig:**
250 g Weizenmehl
4 gestr. TL Dr. Oetker Backin
175 g Zucker
1 Pck. Dr. Oetker Vanillin-Zucker
1 Pck. Dr. Oetker Finesse Orangenschalen-Aroma
8 Eier (Größe M)
6 EL Speiseöl
5 EL Essig, z. B. Apfelessig

**Für die Vanillecreme:**
3 Blatt weiße Gelatine
1 Pck. Dr. Oetker Pudding-Pulver Vanille-Geschmack
40 g Zucker
250 g Schlagsahne
250 ml (¼ l) Weißwein
2 Becher (je 150 g) Crème fraîche

**Für den Obstbelag und Guss:**
1250 g vorbereitetes gemischtes Obst z. B. Weintrauben, Pflaumen, Birnen, Äpfel, Mandarinen, Physalis (Kapstachelbeeren)

**Für den Guss:**
3 Pck. Tortenguss, klar
6 EL Zucker
250 ml (¼ l) klarer Apfelsaft oder Weißwein
500 ml (½ l) Wasser

Zubereitungszeit: **60 Minuten, ohne Kühlzeit**
Backzeit: **etwa 20 Minuten**

1_ Den Backofen vorheizen.
Ober-/Unterhitze: etwa 180 °C, Heißluft: etwa 160 °C

2_ Für den Teig Mehl mit Backpulver in einer Rührschüssel mischen. Restliche Zutaten hinzufügen und mit Handrührgerät mit Rührbesen auf höchster Stufe in etwa 2 Minuten zu einem glatten Teig verarbeiten.

3_ Den Teig auf ein Backblech (30 x 40 cm, gefettet) geben und glatt streichen. Das Backblech auf der mittleren Einschubleiste in den vorgeheizten Backofen schieben.
Backzeit: etwa 20 Minuten.

4_ Das Backblech auf einen Kuchenrost stellen. Den Gebäckboden erkalten lassen. Dann den Gebäckboden vom Backblech lösen und Seitenränder (-kanten) gerade schneiden. Gebäckboden auf eine Platte legen. Einen Backrahmen so um den Gebäckboden stellen, dass der Boden fest umschlossen ist.

5_ Für die Creme Gelatine nach Packungsanleitung einweichen. Pudding-Pulver mit Zucker mischen, mit 6 Esslöffeln von der Sahne anrühren. Restliche Sahne und Weißwein in einem Topf zum Kochen bringen. Topf von der Kochstelle nehmen. Angerührtes Pudding-Pulver einrühren und unter Rühren nochmals 1 Minute kochen lassen. Gelatine ausdrücken und in dem heißen Pudding unter Rühren auflösen, Crème fraîche unterrühren. Die Creme auf den Gebäckboden geben und erkalten lassen.

6_ Für den Belag das vorbereitete Obst in Stücke, Scheiben oder Spalten schneiden, Dosenfrüchte auf einem Sieb abtropfen lassen. Das Obst auf der Creme verteilen, dabei auch den Rand gut auslegen.

7_ Für den Guss aus Tortengusspulver, Zucker, Apfelsaft oder Weißwein und Wasser nach Packungsanleitung einen Guss zubereiten und auf dem Obst verteilen. Den Kuchen etwa 2 Stunden in den Kühlschrank stellen. Backrahmen lösen und entfernen. Kuchenränder eventuell mit einem feuchten Messer säubern.

Insgesamt: E: 111 g, F: 294 g, Kh: 767 g, kJ: 26916, kcal: 6434

# Stachelbeerschnitten

*Klassisch*

**Für den Teig:**
200 g Weizenmehl
1 gestr. TL Dr. Oetker Backin
75 g Zucker
1 Pck. Dr. Oetker Vanillin-Zucker
1 Ei (Größe M)
125 g weiche Butter

**Für die Füllung:**
750 g Stachelbeeren
200 g Zucker
2 EL Wasser
1 Pck. Tortenguss, klar
1 EL Zucker
250 ml (¼ l) Stachelbeersaft

**Für den Krokant:**
1 Msp. Butter
1 EL Zucker
30 g abgezogene, gehackte Mandeln
Speiseöl

**Für den Belag:**
500 g Schlagsahne
50 g Zucker
2 Pck. Dr. Oetker Sahnesteif
1 Pck. Dr. Oetker Vanillin-Zucker
4 EL Zitronensaft

Zubereitungszeit: **60 Minuten, ohne Kühl- und Durchziehzeit**
Backzeit: **etwa 15 Minuten**

1_ Für den Teig das Mehl mit Backpulver in einer Rührschüssel mischen. Zucker, Vanillin-Zucker, Ei und Butter hinzufügen. Die Zutaten mit dem Handrührgerät mit Knethaken zunächst kurz auf niedrigster, dann auf höchster Stufe kurz durcharbeiten.

2_ Anschließend auf der Arbeitsfläche zu einem glatten Teig verkneten. Sollte er kleben, ihn eine Zeit lang kalt stellen. Den Backofen vorheizen.
Ober-/Unterhitze: 200–220 °C, Heißluft: 180–200 °C

3_ Den Teig auf einem gefetteten Backblech (30 x 40 cm) ausrollen und mehrmals mit einer Gabel einstechen. Das Backblech in den Backofen schieben.
Backzeit: etwa 15 Minuten.

4_ Das Gebäck sofort nach dem Backen halbieren, lösen und erkalten lassen.

5_ Für die Füllung Stachelbeeren putzen, waschen, abtropfen lassen und mit Zucker und Wasser einige Minuten dünsten (vorsichtig umrühren, Beeren sollen nicht zerfallen). Die Beeren zum Abtropfen auf ein Sieb geben, den Saft auffangen und 250 ml (¼ l) davon abmessen (evtl. mit Wasser ergänzen). Den Tortenguss mit Zucker und Stachelbeersaft nach Packungsanleitung zubereiten, Stachelbeeren unterheben und erkalten lassen.

6_ Für den Krokant Butter zerlassen, Zucker hinzufügen und unter Rühren schwach bräunen lassen. Mandeln hinzufügen und unter Rühren erhitzen, bis der Krokant genügend gebräunt ist. Die Masse auf eine mit Öl bestrichene Platte geben, erkalten lassen und in kleine Stücke zerstoßen.

7_ Einen der beiden Knetteigböden mit der Stachelbeermasse gleichmäßig bestreichen, die zweite Platte darauf legen und gut andrücken.

8_ Für den Belag die Sahne ½ Minute schlagen. Zucker mit Sahnesteif und Vanillin-Zucker mischen, einstreuen und die Sahne steif schlagen. Zitronensaft vorsichtig unterziehen. Die Masse gleichmäßig auf dem oberen Knetteigboden verstreichen, mit einem Tortenkamm oder einer Gabel „Wellen“ in den Belag ziehen und mit Krokant bestreuen. Das Gebäck in Schnitten schneiden.

Insgesamt: E: 55 g, F: 297 g, Kh: 660 g, kJ: 23852, kcal: 5696

# Nektarinenschnitten

*Erfrischend*

**Für den Rührteig:**
150 g Butter oder Margarine
150 g Zucker
1 Pck. Dr. Oetker Vanillin-Zucker
5 Tropfen Zitronen-Aroma
1 Prise Salz
4 Eier (Größe M)
250 g Weizenmehl
3 gestr. TL Dr. Oetker Backin

**Für den Belag:**
1 kg Nektarinen

**Für die Creme:**
10 Blatt weiße Gelatine
600 g Joghurt
150 g Zucker
1 Pck. Dr. Oetker Finesse Geriebene Zitronenschale
400 g Schlagsahne

**Zum Garnieren:**
1 Nektarine
1 EL Zitronensaft

Zubereitungszeit: **40 Minuten, ohne Abkühl- und Kühlzeit**
Backzeit: **etwa 40 Minuten**

1_ Für den Teig Butter oder Margarine mit Handrührgerät mit Rührbesen auf höchster Stufe geschmeidig rühren. Nach und nach Zucker, Vanillin-Zucker, Aroma und Salz unterrühren. So lange rühren, bis eine gebundene Masse entstanden ist. Eier nach und nach unterrühren (jedes Ei etwa ½ Minute). Mehl mit Backpulver mischen und in 2 Portionen auf mittlerer Stufe kurz unterrühren. Den Backofen vorheizen.
Ober-/Unterhitze: etwa 180 °C, Heißluft: etwa 160 °C

2_ Einen Backrahmen auf ein Backblech (30 x 40 cm, gefettet) stellen, den Teig hineingeben und verstreichen. Für den Belag Nektarinen waschen, abtrocknen, halbieren, entsteinen, in dickere Spalten schneiden (achteln) und auf dem Teig verteilen. Das Backblech in den vorgeheizten Backofen schieben.
Backzeit: etwa 40 Minuten.

3_ Das Backblech auf einen Kuchenrost stellen und den Kuchen im Backrahmen darauf erkalten lassen.

4_ Für die Creme die Gelatine nach Packungsanleitung einweichen. Joghurt mit Zucker und Zitronenschale verrühren. Gelatine leicht ausdrücken, in einem kleinen Topf bei schwacher Hitze unter Rühren auflösen. Gelatine mit 2–3 Esslöffeln von dem Joghurt verrühren, dann die Mischung unter den restlichen Joghurt rühren und die Masse in den Kühlschrank stellen.

5_ Sobald die Masse beginnt dicklich zu werden, Sahne steif schlagen und unterheben. Die Joghurtcreme auf dem Kuchen glatt streichen. Den Kuchen 2–3 Stunden in den Kühlschrank stellen.

6_ Backrahmen vorsichtig lösen und entfernen. Nektarine waschen, entsteinen und in dünne Scheiben schneiden. Scheiben mit Zitronensaft bepinseln. Gebäck in Schnitten schneiden und mit je 1 Nektarinenscheibe garnieren.

Insgesamt: E: 102 g, F: 304 g, Kh: 645 g, kJ: 24697, kcal: 5901

# Raffinierte Früchtchen

*Erfrischend*

**Für den Biskuitteig:**
3 Eier (Größe M)
1 Eigelb (Größe M)
3 EL heißes Wasser
125 g Zucker
1 Pck. Dr. Oetker Vanillin-Zucker
125 g Weizenmehl
15 g Speisestärke
1 Msp. Dr. Oetker Backin

**Für die Buttercreme:**
1 Pck. Dr. Oetker Pudding-Pulver Vanille-Geschmack
40 g Zucker
500 ml (½ l) Milch
175 g weiche Butter
1 Pck. Dr. Oetker Bourbon-Vanille-Zucker

100 g abgezogene, grob gehackte, leicht geröstete Mandeln

**Für den Belag:**
500 g vorbereitete Früchte, z. B. Erdbeeren, Brombeeren, Himbeeren, Kiwis, Johannisbeeren, Karambole (Sternfrucht)

**Für den Guss:**
1 Pck. Tortenguss, klar
20 g Zucker
250 ml (¼ l) klarer Apfelsaft

Zubereitungszeit: **50 Minuten, ohne Kühlzeit**
Backzeit: **10–15 Minuten**

1_ Den Backofen vorheizen.
Ober-/Unterhitze: 200–220 °C, Heißluft: 180–200 °C

2_ Für den Teig Eier, Eigelb und Wasser mit Handrührgerät mit Rührbesen auf höchster Stufe in 1 Minute schaumig schlagen. Zucker mit Vanillin-Zucker mischen, in 1 Minute einstreuen, dann noch etwa 2 Minuten schlagen.

3_ Mehl mit Speisestärke und Backpulver mischen. Die Hälfte davon auf die Eiercreme geben und kurz auf niedrigster Stufe unterrühren. Restliches Mehlgemisch auf die gleiche Weise unterarbeiten. Den Teig auf ein Backblech (30 x 40 cm, gefettet, mit Backpapier belegt) geben und glatt streichen. Das Backblech in den vorgeheizten Backofen schieben.
Backzeit: 10–15 Minuten.

4_ Die Biskuitplatte sofort auf eine Arbeitsfläche oder auf Backpapier stürzen, mitgebackenes Backpapier mit kaltem Wasser bestreichen und vorsichtig, aber schnell abziehen. Biskuitplatte erkalten lassen.

5_ Für die Buttercreme aus Pudding-Pulver, Zucker und Milch nach Packungsanleitung einen Pudding zubereiten. Den Pudding in eine Schüssel geben, mit Klarsichtfolie belegen und erkalten lassen.

6_ Butter geschmeidig rühren. Pudding esslöffelweise hinzufügen (darauf achten, dass Pudding und Butter Zimmertemperatur haben, da die Buttercreme sonst gerinnt). Vanille-Zucker unterrühren.

7_ Die Biskuitplatte mit gut drei Viertel der Buttercreme bestreichen, von der längeren Seite her aufrollen und in den Kühlschrank stellen. Biskuitrolle mit der restlichen Buttercreme bestreichen.

8_ Biskuitrolle in 18 Scheiben schneiden. Jeweils eine Schnittfläche in die gehackten Mandeln setzen. Die Mandeln an den Rändern hochziehen. Für den Belag die vorbereiteten Früchte gemischt auf den noch freien Schnittflächen anrichten.

9_ Aus Tortengusspulver, Zucker und Apfelsaft nach Packungsanleitung einen Guss zubereiten und dünn auf den Früchten verteilen. Guss fest werden lassen.

Insgesamt: E: 75 g, F: 243 g, Kh: 419 g, kJ: 17817, kcal: 4256

# Erdbeer-Limetten-Grieß-Kuchen

*Raffiniert*

**Für den Rührteig:**
125 g weiche Butter oder Margarine
150 g Zucker
1 Pck. Dr. Oetker Bourbon-Vanille-Zucker
4 Eier (Größe M)
500 g Vollmilchjoghurt
200 g Weizenmehl
1 Pck. Dr. Oetker Backin
300 g Hartweizengrieß

**Zum Tränken:**
125 ml (1/8 l) ml Wasser
150 g Zucker
Saft von 3 Limetten

**Für den Belag:**
1 ½ kg frische Erdbeeren

**Für den Guss:**
2 Pck. Tortenguss, klar
4 EL Zucker
500 ml (½ l) schwarzer Johannisbeersaft

Zubereitungszeit: **55 Minuten, ohne Abkühlzeit**
Backzeit: **etwa 30 Minuten**

1_ Den Backofen vorheizen.
Ober-/Unterhitze: etwa 180 °C, Heißluft: etwa 160 °C

2_ Für den Teig Butter oder Margarine in einer Rührschüssel mit Handrührgerät mit Rührbesen geschmeidig rühren. Nach und nach Zucker und Vanille-Zucker unterrühren. So lange rühren, bis eine gebundene Masse entstanden ist. Eier nach und nach unterrühren (jedes Ei etwa ½ Minute). Joghurt ebenfalls unterrühren.

3_ Mehl mit Backpulver mischen und mit dem Grieß in 2 Portionen auf mittlerer Stufe unterrühren. Den Teig auf ein Backblech (30 x 40 cm, mit Backpapier belegt) geben und glatt streichen. Das Backblech in den vorgeheizten Backofen schieben.
Backzeit: etwa 30 Minuten.

4_ Das Backblech auf einen Kuchenrost stellen. Den Kuchen erkalten lassen.

5_ Zum Tränken Wasser und Zucker in einem Topf zum Kochen bringen, bis der Zucker gelöst ist. Den Topf von der Kochstelle nehmen, Zuckerlösung abkühlen lassen. Limetten auspressen und den Saft unter die Zuckerlösung rühren. Den Kuchen damit tränken. Die Kuchenränder gerade schneiden.

6_ Für den Belag Erdbeeren putzen, abspülen, abtropfen lassen, evtl. halbieren und auf den getränkten Kuchen legen.

7_ Aus Tortengusspulver, Zucker und Saft nach Packungsanleitung einen Guss zubereiten und auf den Erdbeeren verteilen. Guss fest werden lassen. Kuchen in Stücke schneiden.

Insgesamt: E: 109 g, F: 156 g, Kh: 981 g, kJ: 25078, kcal: 5993

*Tipp:* Der Kuchen hält sich sehr gut bis zum nächsten Tag frisch.

# Erdbeer-Rhabarber-Kuchen

*Einfach*

**Für den Knetteig:**
350 g Weizenmehl
1 gestr. TL Dr. Oetker Backin
25 g Zucker
1 Pck. Dr. Oetker Finesse Orangenschalen-Aroma
4 Eigelb (Größe M)
200 g Butter oder Margarine

**Für den Belag:**
4 Eiweiß (Größe M)
125 g Zucker
25 g Speisestärke
50 g abgezogene, gehackte Mandeln
250 g Rhabarber
250 g Erdbeeren

Zubereitungszeit: **50 Minuten, ohne Kühlzeit**
Backzeit: **etwa 35 Minuten**

1_ Den Backofen vorheizen.
Ober-/Unterhitze: etwa 180 °C, Heißluft: etwa 160 °C

2_ Für den Teig Mehl und Backpulver und in einer Rührschüssel mischen. Zucker, Aroma, Eigelb und Butter oder Margarine hinzufügen. Die Zutaten mit Handrührgerät mit Knethaken zunächst auf niedrigster, dann auf höchster Stufe gut durcharbeiten. Anschließend auf der mit Mehl bestäubten Arbeitsfläche zu einem glatten Teig verkneten. Sollte der Teig kleben, ihn eine Zeit lang kalt stellen.

3_ Teig in einer Fettfangschale (30 x 40 cm, gefettet) ausrollen, ihn am Rand etwas hochdrücken. Die Fettfangschale in den vorgeheizten Backofen schieben.
Backzeit: etwa 15 Minuten.

4_ Den Boden auf dem Backblech auf einen Kuchenrost stellen, erkalten lassen.

5_ Für den Belag Eiweiß steif schlagen und den Zucker nach und nach unterschlagen. Speisestärke und Mandeln mischen und vorsichtig unter den Eischnee heben.

6_ Für den Belag den Rhabarber putzen (nicht abziehen), waschen, in Stücke schneiden, gleichmäßig auf den Teig legen. Erdbeeren waschen, gut abtropfen lassen, entstielen, vierteln (große Früchte achteln) und unter den Eischnee heben. Den Belag auf dem Rhabarber verteilen, glatt streichen und mit einem Esslöffel „Eiweißspitzen" hochziehen. Das Backblech in den heißen Backofen schieben.
Ober-/Unterhitze: etwa 200 °C, Heißluft: etwa 180 °C
Backzeit: 15–20 Minuten.

7_ Das Backblech auf einen Kuchenrost stellen, den Kuchen erkalten lassen.

Insgesamt: E: 79 g, F: 218 g, Kh: 454 g, kJ: 17902, kcal: 4277

# Kapitelregister

# Register von A-Z

FSC
Mix
Produktgruppe aus vorbildlich bewirtschafteten Wäldern, kontrollierten Herkünften und Recyclingholz oder -fasern
Zert.-Nr. GFA-COC-001575
www.fsc.org
© 1996 Forest Stewardship Council

Verlagsgruppe Random House FSC-DEU-0100
Das für dieses Buch verwendete
FSC- zertifizierte Papier *Novatech Satin*
liefert UPM Nordland Papier GmbH.

**Hinweis** Für Fragen, Vorschläge oder Anregungen steht Ihnen der Verbraucherservice der Dr. Oetker Versuchsküche Telefon: 00800 71727374 Mo. - Fr. 8:00 - 18:00 Uhr, Sa. 9:00 - 15:00 Uhr (gebührenfrei in Deutschland) oder die Mitarbeiter des Dr. Oetker Verlages Telefon: +49 (0) 521 520658 Mo. - Fr. 9:00 - 15:00 Uhr zur Verfügung.



Taschenbucherstausgabe 05/2009

Genehmigte Lizenzausgabe für den Wilhelm Heyne Verlag, München, in der Verlagsgruppe Random House GmbH.
www.heyne.de
Printed in Germany 2009

**Redaktion** Jasmin Gromzik, Miriam Krampitz

**Titelfoto** Fotostudio Diercks, Hamburg

**Innenfotos** Walter Cimbal, Hamburg (S. 72, 130, 138)
Fotostudio Diercks, Hamburg (S. 9, 10, 13, 14, 17, 21, 22, 25, 33, 34, 39, 41, 42, 50, 53, 54, 57, 75, 76, 79, 85, 90, 93, 94, 97, 98, 101, 110, 117, 121, 122, 125, 126, 129, 137)
Ulli Hartmann, Halle/Westf. (S. 18, 46, 49, 58)
Ulrich Kopp, Sindelfingen (S. 113)
Bernd Lippert (S. 61, 69, 82, 134, 141)
Axel Struwe, Bielefeld (S. 29, 62, 65, 66, 70, 89, 109, 118)
Brigitte Wegner, Bielefeld (S. 26, 30, 36, 81, 86, 102, 105, 106, 114, 133)

**Grafisches Konzept** kontur:design GmbH, Bielefeld
**Umschlaggestaltung** kontur:design GmbH, Bielefeld
**Satz und Gestaltung** M·D·H Haselhorst, Bielefeld

**Druck und Bindung** Offizin Andersen Nexö, Leipzig



ISBN: 978-3-453-85561-8